왜
깨달음은
늘
한박자
늦을까

왜 깨달음은 늘 한박자 늦을까: 마음대로 풀어 쓴 『전심법요』와 『완릉록』

발행일 초판2쇄 2024년 9월 20일 | **지은이** 황벽 스님 | **옮긴이** 정화
펴낸곳 북드라망 | **펴낸이** 김현경 | **주소** 서울시 종로구 사직로8길 34 307호(경희궁의아침 3단지) |
전화 02-739-9918 | **팩스** 070-4850-8883 | **이메일** bookdramang@gmail.com

ISBN 979-11-92128-30-6 03220

책으로 여는 지혜의 인드라망, 북드라망 **www.bookdramang.com**

왜 깨달음은 늘 한박자 늦을까

마음대로 풀어 쓴 『전심법요』와 『완릉록』

황벽 스님 법문 정화 풀어 씀

BookDramang
북드라망

머리말

하나의 도리가 생기면

덩달아 하나의 차별이 생기고

생긴 차별상에 머물다 보면

시절인연을 등지면서

소중한 자신의 본래면목과도 어긋나니

황벽 스님의 무심도리는

이 책의 마지막 당부처럼

부디 스스로를 소중히 여기라는

유심의 말 속에 스며 있는 것은 아닐까.

잡을 수 없는 환상을 좇아

이곳 저곳을 헤매다 지친

자신을 돌보지 못한 이들의 아픔이
유마 거사의 중생이 아프니 나도 아프다는 말처럼
황벽 스님의 아픈 유심은 아닐는지.

임제 스님도 '황벽 스님의 불법은 복잡하지 않다'는 말로
세울 도리가 본래 없어 '단지 무심하면 그뿐이다'는
스승의 무심선언을 재천명하는 듯하지만,
이 말 또한 누구라도 그대와 함께하는 시절인연을 돌보
라는 말처럼 들리니

도를 구하려는 유심이 도리어 도를 잃게 하고
부처를 구하면서 부처와 멀어지게 되나
구하는 일을 멈출 때
문틈으로 스며드는 빛살과 같은
무심의 빛길이 열려
익숙한 옛길과 이별하게 되겠지만
그 길은 옛길이 끊긴 그곳에서 다시 시절인연이 빚어내
는 길일지니
부디 무심해지기를.

　　　　　　　　　　　왜 깨달음은 늘 한박자 늦을까

* * *

이 책은 『전심법요』傳心法要와 『완릉록』宛陵錄을 제 마음대로 풀어 쓴 것으로, 일지 님의 『전심법요』(도서출판 세계사, 1993)를 참조했습니다. 일지 님께 감사드립니다. 아울러 북드라망 식구들과 새로울 것이 없는 제 이야기를 늘 다른 이야기처럼 들어 주시는 분들, 그리고 이 책과 만나게 될 분들에게도 감사드립니다.

모두들 평안하고 건강하고 행복하십시오.

정화 합장

차례　　　　머리말 5

1부.
마음 법의 요체를 전함,
전심법요
11

傳
心
法
要

황벽 스님과 배휴 거사의 기연

황벽 스님께서 황벽산을 떠나 대안정사에서 소임으로
허드렛일을 하던 때,
그 절을 찾아온 배휴 거사께서 법당을 참배하다
벽에 그려져 있는 스님의 초상을 보고서 불현듯
'초상은 여기 있는데 스님은 어디에 있는가?'라는 의문이 생겨,
주위 사람들에게 물었으나 모두 당황하기만 할 뿐 대답하지 못했다.
해서 참선하는 스님을 찾게 됐고 황벽 스님을 소개받게 됐다.
황벽 스님을 만나 전후 사정을 이야기한 연후에 스님께 다시
"초상은 여기 있는데 스님은 어디에 있습니까?"라고 물었다.
이에 황벽 스님께서 큰소리로 "배휴"라고 외쳤고
배휴 거사가 "예"라고 대답하자,
황벽 스님께서 "그대는 어디 있는가?"라고 물었다.
순간 배휴 거사는 마음 법의 요체를 깨닫게 됐다.
이 일이 있고 난 후 배휴 거사께서 황벽 스님을 모시고
법문을 들었을 뿐 아니라 법문을 모아 책을 만들었고,
책의 이름을 『전심법요』와 『완릉록』이라고 했다.

1부.

마음 법의 요체를 전함,
전심법요

전심법요(傳心法要)
황벽 단제선사 전심법요(黃檗 斷際禪師 傳心法要).
황벽 단제선사가 전한 심법의 요체.
당 회창(會昌) 2년(842년) 배휴(裵休)가 종릉(鍾陵) 관찰사로 재임할 때
황벽산에 계신 황벽 스님을 용흥사로 초빙하여
아침저녁으로 도를 묻고 기록한 책.

1. 마음 하나가 중생도 되고 부처도 된다

뭇 생명의 생명 활동 그 자체가 마음이다. 마음 밖에 있는 어떤 것이 생명 활동을 지휘하는 것이 아니다. 이 마음은 부처라고 해서 더 뛰어난 것도 아니며 중생이라 해서 부족한 것도 아니다. 작용하는 현상으로 보면 생겨나기도 하고 사라지는 것 같기도 하지만, 생명 활동 그 자체인 마음으로 보면 생겨났다고도 사라졌다고도 할 수 없다. 하나하나의 마음 현상이 마음 아닌 것도 아니지만, 현상을 만들어 내고 만들어진 현상을 알아차리는 마음은 현상에도 머물지 않고 현상 없음에도 머물지 않는다. 해서 현상하는 것을 마음이라 이름한 것과 상대해서 머물지 않는 알아차림으로 인연의 흐름에 온전히 깨어 있는 마음을 무심이라고 이름한다.

　이와 같은 사실이 뜻하는 것은 현상에 머무르면 중생인 부처가 되고, 현상에 머무르지 않으면 부처인 중생이 된다는

　　　　　　　　왜 깨달음은 늘 한박자 늦을까

것이다. 하니 부처인 중생으로 살기 위해서는 현상에 취착取
着하는 마음을 내려놓아야 한다. 내려놓아야만 인연의 흐름
과 함께할 수 있기 때문이다. 인연의 흐름을 알기 위해 갖고
있는 업습이 인연과 등지고, 업습을 내려놓으면 인연의 흐름
과 함께하는 역설. 이것이 중생인 부처로서의 삶을 이어 가
면서 순간순간 부처로서의 중생의 삶을 살 수 없게 하니, 만
족한 삶을 살기 위한 노력이 도리어 만족한 삶을 등지게 하
는 모순. 아쉽고도 아쉽다. 중생이 됐다고 해서 중생의 마음
밖에 없는 것도 아니고 부처가 됐다고 해서 부처의 마음이
새로 생겨난 것도 아닌데, 중생은 중생이고 부처는 부처다.
마음 하나가 중생도 되고 부처가 되면서도 그 마음은 중생에
도 머물지 않고 부처에도 머물지 않으니 가졌다고 여긴 것들
의 허망함을 어떻게 견딜 수 있을까.

　해서 중생의 마음을 버리고 부처의 마음을 얻으려 노력
하기도 하지만, 버리고 얻으려는 그 마음이 중생인 부처로
서의 삶을 이어 가는 근본이라는 사실을 모르고서는 노력하
는 것 자체가 부질없는 일로 늘 부족한 삶을 만들 뿐이다. 해
서 특정한 마음 상태를 고집해서는 안 된다. 그냥 흐르도록
두어야 한다. 일어나고 사라지는 현상 하나하나가 인연 아닌
가. 인연의 흐름이 이와 같은데 어찌 좋아하는 현상은 생겨

나기를 바라고 싫어하는 현상은 생겨나지 않기를 바랄 수 있겠는가. 바라는 마음은 부처가 중생이 되는 지름길이 되고, 바람 없이 지켜보는 마음은 중생이 부처가 되는 지름길이다. 실제로는 버릴 수도 없고 얻을 수도 없는데, 어찌 일어나고 사라지는 인연에 일희일비하는가. 오직 버리려는 마음도 얻으려는 마음도 없는 마음인 무심으로 인연의 흐름과 함께할 뿐이다.

왜 깨달음은 늘 한박자 늦을까

2. 알려는 마음조차 내려놓고

마음 마음 하지만 작용하지 않으면 마음이란 말조차 쓸 수 없다. 마음이라고 말할 땐 이미 마음이 마음을 여읜 때. 마음은 현상하는 것마다를 자신의 얼굴로 삼지만, 한순간도 그 현상에 머물지 않으니 마음은 사라지는 현상으로 드러난 현상을 뒷받침한다. 현상한 것도 마음이요, 사라진 것도 마음이니 마음은 스스로 제빛을 감추는 능력을 바탕으로 인연 따라 제빛을 펼쳐내는 묘술을 부린다. 하여 무심도인을 공양하는 일이 현상한 천만 부처를 공양하는 일보다 공덕이 클 수밖에 없다. 아무것으로도 현상하기 전을 공양하게 되면, 곧 어떠한 차별상을 갖지 않는 마음으로 공양하게 되면 진심으로 모든 것들에게 공양할 수 있을 뿐만 아니라 아직 현상하지 않는 것들에게 공양할 준비를 마친 것과 같기에.

　이 마음을 알고자 하는가? 세월에 세월을 더해도 알 수 없으니, 드러난 현상을 공경하는 것으로나 헛헛한 마음을 달랠 수밖에. 쇠털처럼 많은 수행자들 가운데 몇이나 알려는 마음을 내려놓은 곳으로 갔을까. 아무것도 알 수 없는 곳으로. 그곳에서 벗어나지 못할 수도 있다는 두려움이 없다면 무심한 제 모습을 엿볼 수 있는데. 무심한 데서 지혜를 뜻대로 쓰시는 문수보살文殊菩薩도 나오고, 이타행을 쉼 없이 행하신 보현보살普賢菩薩도 현신하며, 무심했기에 중생이 아프니 나도 아프다는 유마維摩 거사께서는 자리를 옮기지 않고서도 사방을 자신의 방에 들일 수 있었지 않았는가.

무심을 상징하는 유마의 침묵 그 자체가 형상을 넘어서고 경계를 지웠기에 가능한 일이다. 형상을 넘어섰기에 현상할 때마다 다른 현상으로 현신하여 시절인연을 드러낸다. 빈 항아리가 빔을 상징하지 않는다는 말이다. 빔이 항아리로 현상할 때는 항아리의 모양으로 인연을 담아내고, 나무로 현상할 때는 나무로 시절인연을 다 드러낸다. 꽃의 향기도 시절인연이고 시골 뒷간 냄새도 시절인연이다. 빔은 좋고 싫은 것이 없다. 그냥 무심으로 시절을 현상한다. 그것만이 생명의 길이다. 익혀서 그렇게 되는 것이 아니다. 되려는 수행이 항상 되지 못한 유심을 담아내면서 시절인연을 등지게 한다.

함께 이루는 생명의 길에 무슨 차제가 있겠는가. 닦아서

왜 깨달음은 늘 한박자 늦을까

되는 것도 아니며, 깨달아 얻는 것도 아닌데. 그냥 그렇게 모든 것이 다 시절인연이다. 여기에 터럭만 한 욕망이 끼어들 틈이 있을까. 깨닫고자 하는 욕망도 끼어들 틈이 없는데, 하물며 다른 것이랴! 무심과 계합하는 마음 씀이 깨달음이라고 소심하게 말해 보려 해도 이미 어긋난 마음 씀은 아닐까. 무심도 마음이요 유심도 마음인데, 유심일 때는 무심이 감추어지고 무심일 때는 유심이 없는 듯하니, 긍정도 부정도 무심과 계합하지 않는 마음. 말로 표현하려 해도 말의 경계 밖으로 나가야 하니 말한다는 것 자체가 실패를 전제한 시도가 아닐 수 없고, 마음으로 그려 보려 해도 이미 환상을 넘어서기 어려워, 참으로 조심스럽게 말도 마음 씀도 소멸된 것이라고 이야기해 봐도 천리만리 어긋난 시도. 주장자를 높이 들고 할을 하면서 무심을 보이려는 수많은 시도가 생명의 본원인 무심을 드러낸 부처의 일이 되면서도 망상분별을 더하는 일은 아닐는지.

3. 무심한 시절인연을 탓하지 마라

현상하는 마음마다 무심을 고향으로 하기에 현상한 마음 또한 현상에 머물지 않고 고향을 그릴 수 있다. 그렇지 못했다면 부처는 어떻게 부처가 됐겠는가. 부처를 만드는 '부처조차 없는 마음자리'가 현상하는 마음마다 부처의 마음이 되는 신통을 부리나, 하나를 집착하면 부처의 공덕이 하나 줄어들고, 둘을 집착하면 부처의 빛이 엷어지다, 집착이 일상이 되면 마침내 있는 자리에서 부처를 잃고 만다. 그렇게 부처이면서 부처가 없는 것과 같은 삶을 살지만 아련하게나마 고향을 그리는 습속이 남아 있어 어딘지 모를 그곳을 그리면서 아픈 일상을 살아간다. 포근히 기대도 되는 그곳이 있기에 지금의 부족함이 부족함으로만 남지 않고, 보이지도 않던 꽃이 피고 진다. 실제로는 꽃이 피고 지는 것이 아니라 꽃이 되어 가고 져 간다. 이것이 시절인연이다. 여기에는 보태

왜 깨달음은 늘 한박자 늦을까

거나 뺄 것이 없다. 마음 씀 또한 이와 같다. 꽃이 되어 가지만 꽃에 머물지 않는 시절인연과 온전히 계합하는 일이 꿈에서 깨어나는 일이다. 꽃에 머물러 하는 일이 꿈이다. 그곳에서 부족함이 생기고 원만 구족한 마음을 잃는다. 『금강경』에서 '부처가 될 것이다'라는 말씀도 이것을 가리키고 있다. 얻어 가질 수 있는 것이 있다면 누구나 '부처가 될 것이다'라는 말이 성립될 수가 없다.

꽃이 되어 가고 져 가는 일이 시절인연이다. 꽃만 그렇지 않다는 것은 누구라도 안다. 시절이 함께 꽃이 되어 갈 때 꽃이 현상하는 것 같고, 저물 때는 강물도 저문 빛을 따라 흐른다는 것을. 어느 것 하나 그렇지 않은 것이 없다. 마음이 곧 부처란 소리도 마음과 부처를 등치시키는 일이어서는 안 된다. 마음으로 작용하는 시절인연이 꽃의 시절인연과 같으면서도 다른 모습일 뿐이다. 여기에 어찌 위아래가 있을 수 있겠는가. 이와 같은 흐름이 부처의 깨달음이다. 세상의 일들이 깨달음이 아닌 것이 없다. 본래부터 그렇다. 얻으려 하면 자신을 잃고 중생이 되는 것 같고, 집착하지 않으면 잃은 것 같은 자신이 법신의 흐름과 동참한다. 이 일이 법계가 들려주는 소식이다. 보고 듣는 일이 법계의 소식을 알아듣는 일이면서 시절인연을 등지는 일이 되고 마는 것은 빈 마음으로 흐름을 맞이하는 자신의 무심을 소중히 여기지 않았기 때문이다. 무심이어야 시절인연이 제빛으로 빛난다. 피는 꽃도 빛이요, 지는 꽃도 빛이다. 피는 꽃만을 꽃으로 여기는 마음이 꽃도 잃고 시절인연도 잃는다. 있는 자리에서 본래부터 깨닫는 작용으로 제 모습을 드러내고 있는 무심의 청정함을 잃는 일이 꽃이 핀다는 생각이다.

깨달음을 구하는 유심이 본래 깨닫고 있는 무심을 가리는 순간 제 마음 빛을 잃고 만다. 유심도 무심의 일이지만 유심을 내려놓아야만 무심이 드러나니 무심으로 무심을 잃고 있는 일이 보고 듣는 일이다. 그렇다고 해서 유심으로 무심을 채울 수도 없다. 비워 내는 일이 무심이기에 그렇다. 순간의 시절인연을 비워 내면서 다음의 시절인연으로 유심을 토해낸다. 하니, 분별해야 하지만 분별상에 머물지는 마라.

봄바람이, 봄비가 깨우는 소식을 알아차릴 때 새싹도 깨어난다. 아무 때나 깨어날 수가 없다. 봄바람이, 봄비가 깨달음의 소식을 전하는 것과 같지 않은가. 새싹과 곡식이 깨어나는 것이 깨달음이다. 새싹이 바람이 전하는 봄소식을 알아차린 것도 보고 듣는 것이다. 그들이 봄소식만을 듣는 것도 아닌 것을 잘 알 것이다. 언제나 시절의 소식을 듣고 안다. 이것이 깨닫는 눈이고 귀다. 봄에도 머물지 않는 깨달음이 함

왜 깨달음은 늘 한박자 늦을까

께하기에 여름 가을을 맞이할 수 있고, 겨울의 기다림도 깨달음이 된다. 무심이 유심을 깨워 무심의 소식을 드러내고 드러난 유심이 유심에 머물지 않기에 유심도 깨닫는 일을 한다. 무심이 유심과 같지도 않지만 다르지도 않고, 머물지 않기에 집착하는 일도 벌어지지 않는다. 봄소식으로 가을을 듣는 것이 신통이 아니다. 봄이면 봄으로 충분하다. 그래야 여름도 가을도 겨울도 충만한 법계의 소식이 된다. 충만하지 않은 소식이 어디에 있겠는가. 이를 자유롭다고 한다.

걸음마다 무심을 유심으로 드러내면서도 유심에 머물지 않는 가벼움이 마음 닦는 일이다. 닦는다는 말도 맞지 않는다. 본래 그렇거니 무엇을 닦는다는 것인가. 유심이 무심이 되고자 하는 일도 번뇌를 쌓는 일이요, 무심이 무심에 머물고자 하는 일도 부처를 등지는 일이다. 마음이 마음을 찾는 일이 가당키나 하겠는가. 무심도 법이요 유심도 법이거늘. 무심에서 유심을 찾고 유심에서 무심을 찾는 것은 시절인연을 등지는 일. 시절인연을 떠나 어디에 부처가 있겠는가. 닦을수록 멀어지는 일을 마음 닦는 일이라고 하고 있으니 억겁을 지난들 구할 날이 있을까. 유심이거나 무심이거나 머물지 않는 일을 할 때가 곧바로 근본 무심과 계합하는 시절인연이니 밖에서 찾지 않아야 한다. 이 마음 밖에 다른 마음이 부처를 맞이하는 것이 아니다. 시절인연 따라 되어가는 일이 부처의 일이며 이 일 밖에 다른 부처의 일도 없다. 무심한 시절인연을 탓할 일이 아니다.

4. 현상에 머물지 말라

도를 구하고자 하거든, 부디 '이것이 도道다라고 말할 수 있는 결정적 도가 없다는 것'을 의심하지 마라. 도는 길이다. 사람이 다니던 길, 물이 다니던 길 등등의 길이 곧 도의 상징이다.

이들 모두를 길이라고 말할 수 있지만, 조금만 생각해 봐도 산의 모습과 대지의 형태가 물길을 정해 주기도 하고, 물이 길을 변주하면서 제 길을 바꾸기도 하는 것을 알 수 있다. 길만의 길은 없다. 허니 관계를 떠나서 길을 찾고자 하는 일이 얼마나 허황된 일이겠는가. 사람 사는 일도 길이면서 관계다. 사람마다 살아가는 길이 같을 수 없다. 시절인연이라는 말이 뜻하듯 어느 정도는 그래야만 하는 것 같기는 하다. 허나 반드시 그래야만 하는 도의 실재가 상상을 떠나서도 있을 수 있을까. 어느 경우나 길 그 자체만으로는 길일 수 없으나, 상상의 대지를 부정할 수는 없는 것 또한 사람이 살아가는 길의 모습 가운데 하나다. 상상이 실재를 뒷받침하는 것이 생각의 길이기 때문이다. '내가 길을 걷는다'는 당연한 말이 곧 상상의 세계라는 뜻이다. 나는 거칠게 생각해 봐도 한순간도 태양과 공기와 식물 등의 도움 없이는 살 수가 없다. 시절인연의 한 모습이 꽃이듯, 걷는 사람도 시절인연이 드러내는 하나의 모습이다. 길도 그렇다. 나도 길도 걷는 행위도 다 시절인연이다. '어찌 내가 길을 걸을 수 있겠는가'라는 생각이 절로 일어나야 하지 않을까.

그래야만 걷는 일이 지속되지 않을까. 지금은 '사람만이 길이다'라는 생각이 '시절인연이 길이다'라는 생각을 덮는 것을 넘어, '나만이 길이다'라는 허구의 도를 강화하는 일을 가열차게 하고 있으니, 창고에 가득한 명목화폐가 더 이상 공기도 물도 대신해 줄 수 없는 것을 알게 되는 날이 오기는 할까. 나의 길을 나라는 주체가 걸어가는 것도 아니거늘, 주체라는 생각은 어떻게 돌출한 잠꼬대일까.

몸도 제 스스로 몸의 일을 하는 것이 아니며 마음 또한 그렇다. 어느 것도 관계를 떠나 저 스스로 그렇게 존재하게 하는 본질은 없다. '나는 없다'라는 말이 가리키고 있는 곳은 길만으로 존재하는 길을 상상하는 것을 멈추라는 것이다. 스스로 그렇게 존재할 수 있는 것이 없기에, 모든 것은 빔으로 인연을 담아 그것으로 현상한다고 했다. '것'들이 존재일 수 없다는 뜻이다. 현상을 덜어내면 오롯이 드러나는 실체로서의 존재성은 허구 가운데 허구다. 존재성이 비었기에 모든 것이 현상할 수 있지만 현상에 머물지도 않기에 무심을 청정하다고 한다. 어떤 색깔도 흐름을 왜곡하지 않는다는 뜻이다. 무심이기에 흐름을 훤히 들여다볼 수 있어, 무심을 밝은 거울에 비유하기도 한다. 무심이 모든 것의 '것 됨'이므로 모든 현상 또한 청정한 마음 작용이 뒷받침하고 있다. 이를 본심이라고 부르기도 하지만 이 마음은 분별하여 아는 일을 하는 의식 작용과는 다른 듯한 마음이다. 일상의식은 기억된 분별 종자를 통해 세상을 아는 마음이라 할 수 있고 무심, 곧 청정한 마음은 있는 그대로를 아는 마음이라 할 수 있기에.

의식을 정신이라 하기도 하고 사건 사물을 분별하여 아는 마음이라고 하기도 하는데, 이 마음이 있기에 살아가기도 하지만, 다른 한편 삶을 고달프게 만들기도 한다. 제 뜻대로 시절인연을 규정할 수는 있지만 시절인연의 길이 그렇지 않으니, 무심한 시절인연을 탓하면서 꿈속의 꿈이 현실로 도래하기를 그리는 일을 그만둬야 하지 않을까. 부디 의심하지 말지어다. 몸과 마음이 시절인연을 알아차리기도 하지만, 시절인연이 곧 몸과 마음이라는 것을. 몸과 마음이라 이름하지만, 그 또한 다 같은 시절인연이다. 이 밖에 다른 것으로 자신을 세워서는 안 된다.

아픈 마음도 시절인연을 깨닫는 마음이다. 이 마음 밖에 깨닫는 마음이 따로 없다. 자신의 부처가 아파하는 시절인연으로 자신의 전체를 드러낸다. 아픔과 부처가 둘이 아니다. 이 둘을 분리하는 것이 불법과 등지는 일이며, 스스로의 삶과 멀어지는 일이다. 번뇌를 덜어내고 그 자리에 해탈을 채우는 것이 아니다. 번뇌일 때는 부처가 온통 번뇌가 된 것이며, 해탈일 때 또한 마찬가지다. 번뇌를 피해 해탈을 구하고자 해서는 마음 흐름을 알 수 없고, 마음 흐름을 모르면 자신과 헤어지는 일을 가열차게 하는 것과 같다. 흐르는 마음이 그냥 깨닫고 있는 마음이다. 따로 구할 도가 없으니 구할수록 멀어지고 그냥 함께하면 불법과 계합한다. 이 마음은 생겨나는 것도 아니고 소멸하는 것도 아니다. 있는 듯하다가도 없고, 없는 듯하다가도 시절을 읽는다.

이 마음이 곧 깨달음이니, 팔만 법문은 '현상에 머물지 말라'는 한마디로 정리해도 크게 어긋나지 않는다. 없는 듯 있고 있는 듯 없으니, 있고 없음을 어찌 세울 수 있겠는가. 세운 즉시 부처를 여읠 것이고 세우지 않으면 일마다 화신부처님의 일이 될 것이니, 벗어날 번뇌가 어디에 있겠는가?

왜 깨달음은 늘 한박자 늦을까

5. 그냥 흐르도록 해야 한다

도를 배우고자 하는가! 그럼, 번뇌를 떨치고 깨닫고자 하는
유혹에서 벗어나면 된다. 번뇌 또한 시절인연이 현상한 화신
부처님이거늘 현상한 부처님을 여의고 어떻게 도를 알겠는
가! 잠시 돌아보면 알 수 있지 않은가. 번뇌 또한 지나가리란
것을. 번뇌의 성품도 공空하나 현상만 보고 공을 보지 못하면
현상한 화신부처님이 번뇌가 되는 것이고, 현상하는 것이 없
으면 어찌 살 수 있을까라는 부질없는 두려움으로 공을 품지
못하면 현상한 화신부처님이 곧 공인 줄 모르게 된다는 것
을. 있어도 번뇌가 되고 없어도 번뇌가 되고 마니 있음도 없
음도 집착을 낳아, 있을 땐 없음을 갈망하고 없을 땐 있음을
갈망하는 미혹이 한 생을 부처이면서 부처를 등지는 일을 가
열차게 하게 하지는 않는지. 하여 부처님께서도 할 수 없이
그대의 법신이며 빈 마음이 허공과 같다라고 말할 수밖에 없

으셨겠지.

이 말은 허공도 실재가 아니듯 법신도 실재가 아니며, 빈 마음 또한 마찬가지라는 뜻이다. 해서 빈 마음에서 마음 현상이 생겨나는 것이 아니라 생겨난 것이 그대로 빈 마음이다. 잠시도 머묾 없이 흐르는 마음 현상을 통칭하여 빈 마음이라 부를 뿐이다. 빈 마음이 법신이기에 깨달은 마음도 빈 마음이며 번뇌도 빈 마음이다. 번뇌와 깨달음으로 보면 하늘과 땅 차이인 듯하지만, 모두가 빈 것이라는 데서는 아무런 차이가 없다. 하니 번뇌와 보리를 다른 것으로 보는 순간 도道와는 천리만리 멀어진다.

형상 없음이라는 형상도 없고 형상 있음이라는 형상도 없다. 어느 한순간도 멈춘 적이 없는 마음 흐름만이 법신의 작용이다. 하니 현상을 분별하고 취사선택하려 하지 마라. 어느 것도 실재가 아니거늘 가진다는 일이 가당키나 하겠는가. 가지려 하면 중생이요 내려놓으면 부처다. 흐르는 하나가 중생이면서 부처를 현상하나, 있음에 집착하는 것은 중생의 일이요 없음을 추구하는 것은 도에 미혹된 도인들이다. 마음도 빈 마음도 현상도 그냥 흐르도록 해야 한다. 잡으려 하는 순간 빈손을 움켜쥐고서 잡지 못했다고 한탄하게 된다. 본래 잡을 수 있는 것이 하나도 없거늘 무얼 그리 슬퍼하는

가. 현상을 놓기는 쉬워도 마음까지 내려놓기가 쉽지 않기에 항상 번뇌로서의 화신부처님을 맞이하게 된다. 빈 마음에 모든 보배가 현상하거늘 익숙한 보배가 머물러 있기를 바라는 마음이 고귀한 마음이면서 있는 자리에서 법신부처님을 잃은 마음이 되니 가련하고 두렵다.

어떤 형상도 고집하지 않는 마음이 신령스러운 마음이다. 이 마음이 법계의 모든 형상을 화신부처님으로 만든 것과 같으니, 신령하고 신령한 마음이 곧 법계 그 자체가 된다. 법계인 마음은 영원하고 영원하니, 삶도 죽음도 영원의 노래며, 생명은 법계의 염원을 자신의 모습으로 현상하고 있는 춤이다. 생멸이 법계를 드러내는 모습이기에 생멸이 없다. 있음과 없음, 더러움과 깨끗함은 무엇인가. 하여 구하려는 자는 구할 수 없으나, 구하지 않으면 봄의 새싹처럼 제 법신이 슬며시 자신을 드러낼 것이다.

말의 한계를 벗어나는 것이 생명의 소식이나, 현상한 공능만으로는 제 몫을 다 이야기할 수 없다. 현상마다 부처요 보살이며 열반이다. 모습마다 법신부처님이 펼치고 있는 법음이다. 법계의 마음이 빈 마음이며, 현상한 모습마다가 빈 마음이니 현상과 마음과 법신이 모두 부처의 다른 모습이다.

하니 마음 밖에서 법을 구하려 해서는 있는 자리에서 생명을 잃고 만다. 슬프다. 번뇌 망상이 탄생하는 것을 지켜보는 일이. 부처를 구하고 도를 구하는 마음이 부처도 잃고 도도 잃고 마는 마음이다. 마음이 어찌 마음을 얻을 수 있겠는가? 얻으려는 마음을 내려놓는 것이 무심이다. 저절로 부처의 세계를 펼쳐내는 마음이 무심이다. 무엇을 망설이는가. 부처 구하기를 그만두는 일을. 부처를 본 마음이 부처를 보지 못한 마음이며, 부처의 가르침을 듣는 마음이 법을 왜곡하는 일이다. 분별상을 취해 보려 하지 않고 듣지 않으려 하는 빈 마음이 진정한 법의 눈이며 귀다.

경계를 좇아 이리저리 날뛰는 의식을 그대의 부처라고 보는 것 또한 잘못된 안목이니, 분별하는 의식을 부처로 여기는 일을 삼가고 삼갈지어다. 사건 사물이 분별된 대로 실재한다고 여기면서 이리저리 머리를 굴리는 의식이 발생하자 탐욕과 성냄과 어리석음도 생겨났다. 나의 것이어야 한다는 것이 탐욕의 속성이고 나의 것이 되지 못했다는 것이 성냄의 바탕이며 '나'와 '것'이 없다는 것을 알지 못하는 것이 어리석음이다. 있는 자리에서 부처인 생명을 잃게 되는 의식현상을 좋아해서는 탐진치만을 키울 뿐이다. 계율과 선정과 지혜는 의식을 조율하고 통찰하게 하는 도구다. 본래 필요 없는 것이지만 어느 순간부터 필수품이 되었다. 번뇌가

왜 깨달음은 늘 한박자 늦을까

없다면 깨달음이라는 말 또한 생겨나지 않았을 것이다. 마음을 내려놓고 쉬라고 하지만, 이 말은 의식에 해당하는 말이다. 본래 청정한 빈 마음은 의식처럼 현상에 집착하지 않는다. 빈 마음에는 내려놓거나 쉬어야 한다는 말이 성립될 수 없다. 내려놓을 필요도 없지만 보낼 것도 없는 마음이다. 시절인연이 곧 빈 마음이 현상한 도이거늘, 무얼 빼고 무얼 더하겠는가. 부처가 되고자 하는 고귀한 마음이 미혹의 바탕이며, 통찰력을 잃게 하는 마음이다.

무엇으로도 장엄할 수 없는 장엄이 곧 그대의 빈 마음이다. 마음 자체가 그렇다. 모든 것이 빈 마음으로 공명하는 시절인연이다. 드러나면 모든 것이 되지만, 경계에 머물지 않는 비움의 공능이 새로운 경계를 창조한다. 빈 마음은 현상을 취사선택하지도 않지만 공에도 머물지 않는다.

현상에 머물지 않는 것을 공이라 하고, 공에도 머물지 않는 것을 공공空空이라고 한다. 머물지 않는 마음이 지혜다. 하니 경계 밖에서 마음을 찾으려 해도 안 되고, 온갖 경계가 사라진 것으로 마음을 세워서도 안 된다. 있음도 마음이요, 없음도 마음이다. 이 마음 밖에 다른 마음을 구하지 않는 것이 곧 신령한 마음 흐름[道]이다.

6. 오늘 일은 물을 것이 아니다

달마대사는 무슨 까닭으로 중국에 왔을까? 심오한 물음 같지만 자칫하면 목적론에 빠지기 쉬운 질문이다. 왜 사느냐고 물을 수는 있어도 그 물음에 대한 답 또한 목적론을 피해야 하듯. 지금 여기뿐이거늘 어찌 내일을 그리는 그림이 오늘 일이 될 수 있겠는가. 달마대사께서도 어리둥절하실 질문이 아닐까? 최대한 양보한다고 해도 무엇으로 그 까닭을 말할 수 있을까? 오직 모를 뿐이라는 말조차 성립되기 어렵거늘. '묻는 그 마음에게 물어보세요'라는 소식을 전하러 오신 것 같기는 하다. 달마대사로부터 마음이 곧 붓다며 깨달음이라는 심법의 요체가 선의 마음으로 등장했다고까지 이야기할 수 있으니까. 사실 이와 같은 내용은 『반야경』을 관통하는 내용이다. 마음의 색깔이 정해지지 않았기에 현상 따라 온갖 빛을 수용하고 표출할 수 있다는 무아의 가르침이 반야

왜 깨달음은 늘 한박자 늦을까

의 핵심 아니던가.

형상이 부처 아님이 없으나 알아차린 형상에 머물지 않는 마음 씀이어야 부처를 볼 수 있다.

부처를 보는 것이 아니라 실제로는 빈 마음으로 볼 때라야 모든 것이 부처의 형상이 된다. 형상이 부처가 될 수 있는 까닭은 머물지 않는 마음이 시절인연을 부처의 흐름으로 만들기 때문이다. 형상이나 소리로 부처를 구하지 않을 때 마음이 지혜로 작용한다. 달마대사께서 빈 마음의 지혜 작용을 조금이라도 이야기해 보려 했겠지만, 듣는다는 일이 언어의 형상을 그리는 일이니, 난감하고도 난감했을 것이다. 해서 면벽 9년으로 형상 없는 마음 소식을 드러내려 했다.

공부인은 어렵고도 어려운 여섯 가지 감각기관이 작용하지 않는 곳으로 갈 수밖에 없다. 감각기관을 열어 이곳저곳으로 마음을 찾으려 내달리는 일은 외도 가운데 외도가 하는 일이다. 『반야심경』에서도 밖으로 향한 빛을 안으로 돌려 마음이라고도 할 수 없는 곳을 비춰 보라 하지 않았던가. 자신의 마음 밖에서 자신을 찾는 일은 어느 것이든 외도일 수밖에 없다. 이미 언어분별과 상응한 의식이 제 마음을 특정 색으로 색칠한 것을 알아차리고 있는 것이 의식의 작용이 아니던. 의식으로는 결코 안팎이 없는 마음을 구경할 수 없다. 망상을 앞세워 망상 없는 곳을 찾는 꼴이라 찾는 일이 망상일 수밖에 없지 않은가. 부처의 법문을 듣는 일로 부처를 알았다고 하는 이를 성문이라 하고, 생성·소멸하는 현상에서 도를 보고자 하는 이를 연각이라 부르는 까닭도 여기에 있다. 그들 모두는 언어와 마음의 이미지를 통해 도를 듣고 보려 한 것이기에 제 마음이 도인 줄을 알 수가 없다.

빈 마음이 담아내는 시절인연이 도이지만, 도는 그 모습일 수도 없다. 담아낸 현상이 비워져야 지금 여기가 드러난다. 생겨나기도 하고 사라지기도 하는 일이 마음 흐름이 아닌 것이 없지만, 흐름은 그 어느 것에도 머물지 않기에. 이것은 뭇 생명 모두에게 적용된다. 그래서 한마음이라 했다. 생명이 생명되는 마음은 현상만큼 다르기도 하지만, 현상에 머물지 않는 무심으로 보면 한가지다. 하여 번뇌가 보리가 된다. 된다는 것은 번뇌도 번뇌에 머물 수 없다는 뜻이며, 보리란 본래 머물지 않는 마음 씀을 말한다. 하여 된다는 말조차 성립되지 않지만, 그냥 그렇게 이야기한다.

늘 처음처럼 수줍은 얼굴로 기쁨을 담아내면 된다. 기쁨을 좇는 것이 아니다. 기쁨이 되는 것이며 슬픔이 되는 것이다. 기쁨과 슬픔의 주인공은 없다. 온전히 기뻐하고 슬퍼할 뿐이다. 이 마음이 경계에 끄달리지 않는 마음이다. 어렵고

왜 깨달음은 늘 한박자 늦을까

도 어렵다. 해도, 그래야만 자신이 자신이 된다. 평화는 그렇게 깃든다. 빈 마음이 그렇게 한다. 법신의 행동 방식이다. 자신의 빈자리에서 피어난 경계를 알아차릴 때 경계조차 빈 마음이 된다. 안팎이 고요하고 고요하다. 그런 가운데 지금 여기를 온전히 산다. 경계를 좇지만 않는다면 자신의 법신이 어느 틈에 제 몫을 한다. 이 마음이 일을 하지 않는다는 것은 쉴 때가 없다는 것이니, 아픈 마음이 기댈 곳은 어딘가.

하루도 조용할 날이 없다. 무얼 위해 그리 바쁜가. 구해도 구할 수 없는 것을 구하려 하다 마음조차 길을 잃고 헤맨 적이 한두 해가 아니겠지만, 오늘도 그렇게 살지는 않는지. 하여 지혜를 구하려 하겠지만 지혜 또한 구할 수 있는 것이 아니다. 기쁨과 슬픔을 좇지 않으면 된다. 좇지 않는 습관이 지혜를 기르고 마음을 청정하게 하며 자신의 몸과 마음을 법신으로 헌신하게 한다. '본래 얻을 수 없거늘 무얼 위해 그리 바쁜가'라는 말을 잊지 않는 것도 좋은 방편이다. 방편은 진실을 드러나게 한다. 본래부터 얻을 수 있는 것이 없다는 진실을. 이를 무아라고도 하고 무상이라고도 한다. 진리를 증득했다는 것은 증득할 진리가 없다는 것이다. 이것을 알아차렸기에 연등불께서 수행자 싯다르타가 부처가 될 것이라고 말할 수 있었다. 얻을 것이 있었다면 누구나 부처가 될 것이라는 말도 성립될 수 없고, 제 마음이 부처의 마음과 다르지 않다는 말도 할 수가 없다. 이 마음을 이야기하러 왔다고 짐작해 볼 수 있는 달마대사도 놀랄 일이다. 전해 주고 받는 것이 마음일 수 없다. 그냥 그렇게 언제 그랬냐는 듯이 알아야 한다. 해서 형상도 넘어섰다고 하고, 말로서 나타낼 수 없다고 한다. 어쩌면 어리둥절해야만 자신의 마음이 부처로 현신한다는 것을 알아차리는 것 같다. 당연한 듯 외우고 있는, 몸도 없고 마음도 없다는 『반야심경』의 이야기를 그대로 외워서는 어느새 하얀 머리만이 지나온 시절을 대변하고 만다.

동산洞山 양개良价 스님은 그렇지 않았다. 어린 나이에 주지 스님께 "왜 눈도 있고 귀도 있는데 없다고 합니까?"라고 물었다. 어린 사미를 감당할 자신이 없다는 것을 안 주지 스님은 그를 다른 곳으로 보냈다. 그래야 한다. 자신과의 인연이 아니면 아닌 것이다. 탐낼 일이 아니다. 보리 달마대사의 어리둥절도 아마 그럴 것이다. 전할 형상도 마음도 없거늘 어찌 당연한 듯한 이유가 있을까라는 것이 조금은 그 마음을 엿보는 것이 되는 듯하겠지만, 실상은 어리둥절한 그 마음이면 충분하다. 그곳에서 온갖 이유가 고구마 넝쿨처럼 딸려 나오지 않는가. 나온 고구마가 답이 아니다. 어리둥절이 답이다. 이 마음을 청정한 마음이라고도 한다. 고구마는 달

왜 깨달음은 늘 한박자 늦을까

지만 횡설수설이다. 그래서 지혜의 최고봉을 뜻하는 인도말 반야는 비움이다. 영(0)이라는 개념이 인도에서 생겨난 것이 당연한 것 같다. 그 자리에 온갖 숫자가 새겨지지 않는가. 본심은 그래서 마음이라고도 이름할 수 없다. 형상으로도 나타낼 수 없지만, 비움이라고도 말할 수 없기에. 형상을 좇는 것으로 마음 쓰는 기술을 익히고 그것으로 마음의 역할을 다했다는 듯이 여기지만, 이는 보배 마음을 빼앗아가는 도적을 마음으로 여기는 짓이다. 이들을 중생인 부처라고 한다. 부처라는 보배를 저당잡히는 일을 가열차게 하고 있는 여섯 가지 감각기관이 수용한 형상에 사로잡혀 갈팡질팡한 오늘로 내일을 그리는 이들이다.

생사에 헤매면서 생사를 두려워하는 마음 기술을 익힌 이들이다. 이미 익힌 기술이라 내려놓기가 쉽지 않다. 하여 성립될 수도 없는 수행이라든가 수심이라는 말이 의미를 갖게 된다. 생사의 마군을 물리치는 싸움기술을 익히는 일이 수행이기에. 그러기 위해서는 그림자 없는 마음으로 그대의 마음을 읽을 수 없게 해야 한다. 외부로 향하는 마음 빛을 없애는 일이다. 어떤 유심도 그림자를 달고 있기에 마음이 일어나는 순간 마군의 공격을 받는다. 곧바로 무심해야 한다. 한 생각이라도 일으키면 곧 외도가 되고 만다. 자신의 무심

밖을 향하는 마음을 쓰는 이가 외도 아니고 무엇이겠는가.

　부처님의 법문을 듣는 것이 훌륭한 일이면서 성문이 되는 까닭도 여기에 있고, 인연을 보는 것으로 깨달음을 삼는 연각이 무심도인일 수 없는 까닭도 여기에 있다. 듣고 이해되는 소리도 보고 알게 된 인연도 다 마음이지만, 앎의 실상은 '마음인 것'이 아는 것도 아니기에. 해서 마음은 마음이라고도 이름할 수 없다. 경계에 머물지 않는 무심이 앎을 현상하기에. 해서 경계를 좇는 일이 범부가 되는 첩경이고 경계를 좇지 않는 일이 무심에 이르는 유일한 길이다. 경계를 좇는 순간 부처가 중생이 되는 순간이고, 경계를 떠나는 순간이 다보여래인 부처가 현상하는 순간이다. 이것이 중생인 부처와 부처인 중생의 갈림길이다. 부처와 중생이 다른 것이 아니다. 경계를 좇으면 부처인 중생이 탄생하고 경계를 좇지 않으면 중생인 부처가 탄생한다. 말로 보면 앞뒤가 바뀐 것에 지나지 않지만, 내용으로 보면 하늘과 땅 차이다.

　하여 만법이 유심 아닌 것이 없지만 얻으려 하면 얻지 못한 중생이 되고, 얻으려 하지 않으면 만법이 보배가 된다. 무심이 보배를 현상하기도 하지만 현상을 좇지 않는 기술을 익혀야 하는 수고가 있어야 자신의 보배조차 구해 가질 수 없다는 것을 안다. 어쩌면 슬퍼할 일이다. 바람 한 점 없

　　　　　　　　　　왜 깨달음은 늘 한박자 늦을까

는 곳에서 홀연히 온갖 소리와 그림이 일렁거리니 속지 않기도 쉽지 않고, 속고 보면 그 또한 자신에게 속은 일이니. 그래도 본래 얻을 것이 없다는 앎으로나마 위안을 삼아야 하지 않을까. 부처님께서도 말하지 않았는가. 깨닫고 보니 아무것도 얻을 것이 없다는 것을. 하여 『금강경』에서는 '최고의 깨달음이란 어떤 흐름도 결정되어 있지 않다는 것을 아는 것'이라고 이야기한다. 죽을 때 '왜 그렇게 살았는지 모르겠어'라는 회한이 일어난다면, 허망한 그림자인 몸과 마음에 속은 자신이 가엾은 줄 알겠지만, 그때라도 현상할 몸과 마음이 보배의 실상이 아닌 줄 알았다면 헛살았다고만 할 수는 없다. 어느 때든 무심과 계합한 한 생각이 자신의 불세계를 열므로. 과거·현재·미래가 한 생각에 일어나고 사라지므로. 부처인 중생과 중생인 부처가 터럭만큼도 다르지 않으므로. 죽음의 경계에도 무심해야 하지만 부처의 경계에도 무심해야 한다. 이것이 자신이 만든 세계에 속지 않는 일이며, 밖으로 자라난 경계가 그림자인 줄 아는 일이다. 이것이 자유다. 마음의 요체인.

7. 바람 소리 물 소리가 들려주는 법문

얻으려 하는 일은 어느 것이든 숙제가 된다. 배우는 일이 곧 노는 일이어야 하거늘 굳이 익혀 기억하려 하는 일이 배우는 일이기에. 재미있게 하던 일도 배움이 되는 순간 싫증이 나기 십상 아니던가. 수행이라는 일도 그렇다. 아스라이 보이는 듯한 목표를 향해 성큼 내딛던 발걸음이 모래 언덕을 오르는 듯해질 때쯤, 저 멀리 보이는 신기루가 다시 발걸음을 재촉하는 듯한 일을 반복하게 하는 숙제. 이것은 신기루가 신기루인 줄을 알 때까지 반복하는 반조하지 않는 마음 씀을 익히는 일이다.

많은 수행자, 곧 부처인 중생이 자신의 부처를 그림자로 삼고서 저만치 손짓하는 듯한 신기루 부처를 좇으면서 굳건하게도 중생인 부처가 되어 간다. 아픈 일이다. 제 고향에서 고향을 찾는 일이. 부처의 가르침을 열심히 배우는 일이 보

왜 깨달음은 늘 한박자 늦을까

물 지도를 보는 일이 되어서는 모래 소리에 실려 있는 무심한 노래의 곡조를 제 마음으로 담아낼 수 없다. 오죽했으면 부처를 죽여야 부처가 된다고 했을까. 수많은 부처는 사막의 신기루와 같다. 얻으려야 얻을 수 없는 부처의 신기루를 다 지나쳐야 그 신기루가 자신이 세운 그림자인 줄 알게 될까. 그런 것 같지도 않다. 중생인 부처들이 그림자 속에서 태연하게도 도를 얻었다고 안분자족하고 있는 것을 보면. 성문·연각승들이 그들이다. 방편인 사다리를 굳건히 받치는 일을 하거나 강을 건넜음에도 뗏목을 등에 지고서. 제 서 있는 곳이 부처의 세계인 줄 모르고 쓰는 마음마다 무심 부처의 법문인 줄 모른다면, 굽힌 허리로도 감당하기 어려운 만들어진 짐을 지고서 구제할 부처를 구하는 일을 공부라고 한다면, 어느 부처인들 그 짐을 덜어줄 수 있을까. '당신의 짐은 당신이 만든 허구'라는 말을 들으려고 하기는 할까. 한번 그렇게 생각하면 생각한 것이 실제가 되고 마니 부처의 이야기도 헛소리에 지나지 않을 것이기에. 무심이라는 역을 거치지 않았으면.

무심이라는 역은 제 몫을 고집하지 않고 새로운 연결을 위해 제 대지를 비우는 곳이기에 형상을 고집해서는 머물 수 없다. 그렇기에 무심의 역을 거치면 바람 소리 물 소리가 들려주는 법문을 들을 수 있다. 분별상만을 제 색깔로 취하는 유심과는 달리, 무심은 온갖 색깔을 제 색깔로 삼을 수 있는 바탕이기에, 색깔 없는 무심이어야 여러 마음이 두려움 없이 지날 수 있고, 새로운 길도 열릴 수 있다. 해서 이를 본래부터 청정한 마음이라고 한다. 생각이 끊겨야 닿을 수 있는 역이기에 '분별하지 말라'고 강력하게 이야기한다. 하여 45년 간 열심히 법을 설하신 부처조차 한 가지 법도 설한 적이 없다고 이야기한다. 무심의 역이 부처이기에 부처의 말조차 그 역에 닿을 수 없고, 그 역을 안내하는 역할을 할 뿐이다. 무심의 역은 어디에 어떻게 있다고 말하기가 어렵다. 어디나 어떻게나 있다고 해도 틀린 말이 아니지만. 언제나 그냥 그렇게 있지만 찾으려 하면 없는 듯하여 '옆에 있다'거나 '안에 있다'는 안내문으로 무심의 역을 가리킬 뿐이다. 왜냐하면 헤아리려 하면 멀어지고, 말 길이 끊어지면 홀연히 계합하는, 신기루가 아니지만 신기루와 같기 때문이다. 궁극적으로 자신의 마음이면서 모든 것이 태어나는 곳인데도.

하여 믿기 어렵다. 믿기 어렵지만, 이 마음 없이는 살 수도 없으므로 한 생각을 돌이키면 믿음이 실현된다. 깨달음도 깨닫는 사람도 없는 곳에서 부처의 세계가 열린다. 해서 마음이 흐르는 길인 유심과 무심을 통달한 이가 도인이다. 연

왜 깨달음은 늘 한박자 늦을까

결에 자유자재한 중생이 부처다. 수행으로 만들어지는 것이 아니기에 무심과 계합한 즉시 만 갈래 길이 만들어지고 해체된다. 교법에 통달하고 인연법에 통달한다고 해도 무심법에 통달한 것만큼 자유자재하다고 이야기하기 어렵다. 모든 교법과 인연법이 무심의 교차로를 통과해서 나오기에 마음 법을 깨닫는 것이 도의 근원을 깨닫는 일이 되기 때문이다.

마음이 경계를 만들지만 만들어진 경계에 끄달리는 것 또한 마음이니 유심으로 유심을 찾아서는 평정한 삶을 살기 어렵다. 경계에 끄달려 이곳저곳으로 내달리는 꼴이라 쉬는 일조차 배우기 어렵기에, 마음이 마음을 속이는 일을 쉬지 않고서는 온전히 쉬기도 어렵다. 오직 시절인연과 온전히 계합하는 무심일 때만이 제 고향을 찾은 것과 같은 평화로운 일상이 시작된다. 다른 마음을 찾을 필요가 없다. 적정하면 그만이다. 일 없음을 두려워할 일이 아니나, 경계를 좇아 부지런히 살다 보니 오히려 일 없음이 두려워진다. 마음이 쉬고 싶다고 하지만 쉼을 두려워하는 것이다. 이 마음이 무심을 등지게 한다. 그러면서 자신을 홀리는 경계가 없기를 바란다. 우물가에서 숭늉을 찾는 격이다.

아는 그것이 속 깊은 제 마음인 줄 알고 그것을 내려놓지 않으려 하는 것이 취사선택하는 마음이다. 병 속의 물건을 꼭 쥐고서 병 입구를 빠져나오려 하는 일과 같다. 주먹 속에 든 알음알이를 내려놓고 손을 펴지 않는 한 빠져나올 수가 없다. 중생인 부처들이 집착하는 모습이다. 경계에 홀리지 않아야 하지만 유심에도 걸리지 않아야 한다.

보존해야 할 것은 아무것도 없다. 도는 무심을 관통하면서 유심도 유심의 역할을 하게 한다. 흐름의 길이 그러하므로 유심도 무심도 실재하지 않는다. 유심을 유심되게 하는 것이 무심의 역이라 해도 유심을 떠나서는 무심도 없고, 무심도 유심을 살려내면서 무심의 역할을 한다. 경계를 집착해서도 안 되지만, 부정하기만 해서는 무심도 병이 되고 만다. 유심도 버려야 하지만 무심도 내려놓아야 한다. 이와 같은 버림을 크나큰 버림이라고 한다. 도를 행하고 덕을 베풀지만 아무것도 바라지 않는 것은 중간의 버림이라 하고, 좋은 일을 행하면서도 공성을 아는 것은 작은 버림을 실현하는 일이라고 한다. 하니 도를 행하고자 하거든 무슨 버림과 계합해야 하는지를 말하지 않아도 알 수 있지 않겠는가.

『금강경』에서도 '과거심도 없고 현재심도 없으며 미래심도 없다'고 하지 않았는가. 무심에서 과거·현재·미래의 마음이 교차되면서 과거와 현재와 미래의 길이 생겨나지만, 그 길 또한 만들어진 현재로서 얻을 것이 없다는 뜻이다. 부처

왜 깨달음은 늘 한박자 늦을까

님께서 가섭 스님께 마음 법을 전했다고 말할 수 있는 것도 무심으로 보면 한가지이기 때문이다.

유심이라면 어떤 유심인들 전해질 수 있겠는가. 모든 길이 다 다르거늘. 전해지는 마음은 허공과 허공이 겹치는 것과 같아 전한다는 말로도 그 상황을 온전히 나타낼 수 없지만, 말의 경계로는 그렇게 표할 수밖에 없다. 하니 전해지는 마음을 찾으려 해서는 유심 경계를 벗어날 수 없다. 오직 계합해야만 한다. 석가모니 부처님 이후로 가섭 스님 등께 전해진 법의 등불이 그렇다. 이를 마음 도장을 찍는 일이라고 비유하기도 하지만, 허공에 찍는 도장인 줄 알아야 한다. 전해주고 받았지만 얻을 수 있는 마음이 아니다. 곧바로 무심해야만 한다.

무심에 자재하게 되면 중생인 부처가 부처인 중생이 되었다고 한다. 부처인 중생은 부처로 보면 무심의 역할과 같기에 사방으로 막힘 없이 통하는 길을 낼 수 있다. 이를 '자성허통'自性虛通이라고도 한다. 부처인 중생이 온갖 일을 인연 따라 집착 없이 할 수 있는 것도 비움虛으로 온갖 것과 통하기通 때문이다. 이를 통섭이라 하며, 통섭으로 드러난 부처님의 모습을 화신이라고 한다. 이 길을 이어 주는 것이 매임 없는 마음 씀이다. 이 마음 씀을 보신이라고 한다. 도에 계합

하면서 쓸 수 있게 된 능력이다. 마치 도를 닦아 얻게 된 과
보와 같다고 하여 보신이라고 이름한 것이다. 보신과 화신은
현상한 인연 따라 집착 없는 법을 행하고 설하지만, 그 내용
으로 보면 흐름이 정지된 것에 이름 붙인 언어분별과 상응하
는 어떤 것도 있을 수 없다는 것이다. 도의 실상을 함께 만들
면서 변주해 가는 것이므로 정해진 길이 있을 수 없듯, 보신
과 화신의 역할은 있지만 드러난 그들의 모습이 도의 실상일
수도 없기에.

하여 『금강경』에서는 '보신과 화신은 진실한 부처가 아
니다'고 했으며, '진불은 법을 설하지도 않는다'고 했다. 무심
인 진불이 보신과 화신으로 인연을 드러낼 뿐이다. 그렇기에
진불도 무엇이다고 말하기 어렵다. 보신·화신도 보신·화신
이 머물지 않는 것으로 보면 진불과 다름없고, 진불이 보신
과 화신으로 인연을 드러내고 있는 것으로 보면 진불이 보신
과 화신을 떠날 수도 없으니, 이름으로 보면 다른 것 같지만
실상으로 보면 같다고도 다르다고도 말할 수 없기에.

하여 모든 인연과 화합할 수 있는 무심의 밝음을 진불이
라고 할 수 있고, 보신과 화신은 진불이 여섯 가지 감각기관
등을 갖춘 생명으로 화한 것과 같다고 할 수 있다. 여섯 가지
감각기관은 인연의 교차로와 같다. 다만 그 색깔이 분명하여

여섯 가지로 구분되는 것이 무심의 교차로와 다를 뿐이다. 눈은 형색과 통하고, 귀는 소리와 통하며, 코는 냄새와, 혀는 맛과, 몸은 촉감과, 의식은 내부의 이미지인 법과 통한다. 다만 어떤 방식으로 통하는가에 따라 부처인 중생의 삶이 되기도 하고, 중생인 부처의 삶이 되기도 한다.

의식되는 이미지가 만들어지는 것은 몸 전체의 인지 활동이다. 이를 업식이라 한다. 업식인 몸이 눈 등의 감각기관을 통해 외부 정보를 수용하면서 눈의 마음 등인 여섯 가지 마음(안식眼識·이식耳識·비식鼻識·설식舌識·촉식觸識·의식意識)이 생겨난다. 그러므로 눈과 눈의 마음과 수용된 정보인 형색은 한 경계 속의 세 가지라고 할 수 있다. 이와 같은 구성이 여섯 가지 감각기관마다 이루어지고 있다. 이를 18계라고 한다. 그러나 그 모두는 업식의 변현이라고 할 수 있으며, 그 작용 양상에 따라 부처인 중생이 되거나 중생인 부처가 되기도 한다. 먼저 안식계를 보자.

아는 것을 주도하는 것은 업식이라 할 수 있지만, 곧 업식이 보는 것이지만 눈과 경계의 만남이 전제되지 않으면 업식 또한 보는 일을 할 수 없으니, 보는 것은 이들의 만남이라고 할 수 있다. 눈의 역할 등이 독자적으로 이루어지지 않는다는 말이다. 그러므로 눈이 보는 것 같지만 마음이 보는 것이라고 할 수도 있고, 마음이 보는 것이지만 눈이 본다고도 할 수 있다. 이것이 뜻하는 것은 어느 사건이든 그것을 독자적으로 일으키는 실체가 없다는 것이다. 어느 의미에선 각자를 고집하지 않기에 본다는 사건이 발생한다고 할 수 있다. 이를 화합이라고 한다. 제 모습으로 함께하지만, 내용으로 보면 제 모습을 비운 자리에 다른 모습이 스며들어 화합이 일어나기에 본다는 사건이 발생한다는 것이다. 이와 같은 비움을 밝은 마음이라고 한다. 바꾸어 말하면 밝은 마음이 있기에 안다는 사건이 발생한다는 것이다. 하지만 아는 것에 머무는 것은 비움이 아니라 채움이다. 비움은 채움이 사라져야 알게 되는 자리지만, 찰나의 비움은 잘 잡히지 않는다.

마음 챙김은 사건을 알아차리는 마음을 오롯이 유지하는 일인데, 이 일이 마음 흐름을 늦추는 것과 같은 효과를 낸다. 그렇게 되면 비움이 보인다. 이와 같은 일이 있고 나면 형상에도 머물지 않지만 비움에도 머물지 않는 밝은 마음 작용이 현상하게 된다. 이 마음을 부처인 중생이라 한다. 흐름 전체를 알아차리는 일을 깨달음이라고 부르는 까닭도 여기에 있다. 깨달음은 '순간을 보지만 순간을 넘어선 흐름을 온전히 꿰뚫어 아는 마음'이다. 그렇게 되면 분별상에 집착하지 않게 된다. 집착할 경계는 물론이거니와 집착하는 주체도 저

왜 깨달음은 늘 한박자 늦을까

스스로 그렇게 존재하지 않는다는 것을 직관했으므로.

이와 같은 마음으로 함께하고 있는 '한 세계'를 비유하여 하나의 수레와 같다고 한다. 중생으로서의 분별도 중요하지만, 분별상에 매이면 부처로서의 무분별 세계인 대승이 보이지 않는다. 해서 중생인 부처는 중생만 보이지만 부처인 중생은 한 수레에 타고 있는 함께 사는 중생의 흐름이 보인다. '함께'가 사라지면 제 모습만 보이고 그곳에서 간탐심은 커간다. 하늘에 침 뱉는 일을 하면서 침을 피하기 바쁜 삶이다. 이를 윤회하는 삶이라고 한다. 원에 따라 이곳저곳으로 마음을 옮겨가면서도 그 원을 채울 수 없어 하루도 편하지 않은 마음을 쓰는 일을 열심히 한 대가다. 아프고 아픈 일이다. 하루도 쉬지 않았는데.

중생인 부처의 삶이 이렇기에 부처인 중생께서 온갖 방편을 이야기할 수밖에 없다. 팔만사천법문은 그렇게 탄생했다. 중생인 부처의 삶이 한 가지가 아니기에. 삶의 모습 하나하나가 온전히 부처로서의 중생을 드러내고 있지만, 그것이 부처인 줄 모르면 온갖 시비로 높낮이를 정하면서 삶의 가치를 왜곡하고 있으므로. 일어나고 사라지는 삶의 모습이 천차만별이지만 어느 삶을 더 귀하다고 말할 수 있을까. 중생인 부처의 눈에는 자신의 관점만이 귀하고 그를 바탕으로 다른 이의 가치를 왜곡하면서 분별 시비를 이어 가겠지만, 부처인 중생으로 보면 모두가 한 수레를 이루면서 흘러가고 있으니 어찌 아프지 않을 수 있겠는가. 하여 부처님께서는 오직 인연으로 하나 된 삶만이 있다는 사실을 강조하셨겠지만, 마음 흐름을 늦추지 않으면 그 일은 보이지 않는다. 부처이면서 중생으로만 살아온 세월의 두께가 자신을 가리고 있으니 보일 수가 없다.

이를 미혹이라 한다. 미혹하면 부처는 덮이고 중생만 보이고, 깨달으면 부처로서 중생의 삶을 산다. 석가모니 부처님께서 가섭에게 자신의 자리를 반쯤 내준 일이 이를 상징한다. 두 마음이 함께 공명하면서 한 세계를 연출하고 있는 것을. 언어로 보면 석가는 석가고 가섭은 가섭이지만, 한 수레를 타고 있는 것과 같은 연기의 세계는 언어를 넘어선다. 그대, 중생인 부처여, 부처인 중생을 보고자 하는가! 마음 밖을 서성이지 말게나.

8. 도를 구하는 것은 길에서 길을 잃는 것

무엇인가를 안다는 것은 '그것은 무엇이다'라고 서술할 수 있을 때다. 허나 도를 묻는다는 것은 도인 길을 길 밖에서 찾는 것과 같다. 실상은 도뿐만이 아니다. 거의 모든 명사가 그렇다. 움직임이 빠지고 나면 남는 것은 언어분별과 상응하는 환상세계를 넘어설 수가 없다. 도는 그냥 길이다. 사람도 다니고 동물도 다닌다. 길을 다니는 것이 아니고 그냥 그렇게 걷는 것뿐이다. 길 위를 걷는 것처럼 보여도 걷는 자와 대지를 제하면 길은 어디에 있는가.

그대 머릿속은 이 질문을 헤아리려 바쁠 것이다. 그것이 그대의 생각 길이다. 생각은 환상을 이어 주는 도다. 허니 그것의 실재를 논하면 안 된다. 그대가 만든 도가 그대의 도이다. 그것밖에 다른 도는 없다. 생각을 멈추면 길도 끝난다. 찾으려야 찾을 수가 없다. 이미 생각 길에 있으면서 생각 길을 찾는다는 것이 어불성설이지 않겠는가. 헌데도 배휴는 묻는다. '도란 무엇이며 어떻게 수행해야 됩니까?'라고.

말도 되지 않는 질문이지만 친절한 황벽 스님은 배휴의 질문이 성립되지 않는다는 것을 환기시킨다. '도가 무엇이기에 수행하려 하는가?'라고. 실상은 황벽 스님만 친절한 것이 아니고 배휴 또한 친절하다. 이런 일은 수행처 여기저기서 일어나고 있기에 배휴가 이와 같은 질문의 허구를 새삼스럽게 드러내는 친절을 베풀고 있는 것이다. '깨달은 분들도 참선 수행을 멈추지 않고, 많은 수좌 스님들도 도를 깨닫고 배우려 하고 있지 않습니까'라는 질문으로. 스승인 황벽 스님의 말씀을 통해 참선 수행의 진면목을 보이고자 하는 친절이다. 황벽 스님께서도 맞장구로 '마음이 만든 환상에서 진실을 찾으려는 이들을 위해 그렇게 한다'라고 답한다.

환상인 줄 아는 이들을 '상근기'라고 하고, 환상 속에 헤매고 있는 이들을 '둔근기'라고 하는데, 참선으로 마음이 환상을 만들고 있는 것을 경험하게 되면, 누구라도 환상을 잡으려 하지 않을 것이기에. 하여 마음 밖에서 진실을 찾으려는 이들을 외도라고 하고, 유심에서 진실을 보려 하는 이를 둔근기라고 하며, 무심에 계합한 이를 상근기라고 이름하기도 한다. 허나 근기가 실재하는 것은 아니다. 마음이 짓고 있

왜 깨달음은 늘 한박자 늦을까

는 환상세계에서 어떻게 놀고 있는가에 따라 그렇게 부를 뿐이다. 근기가 결정되어 있다면 어떻게 '누구라도 부처가 될수 있다'고 할 수 있겠는가. 유심이 무심이 되고 무심이 유심이 되는 전 과정이 깨어 있는 불성의 작용 아니던가.

불성이란 것도 따로 있는 것이 아니다. 인연처에서 깨어있는 작용을 하는 유·무심이 불성이다. 무심이 어떻게 깨어있는 작용을 할 수 있는가라고 묻는다면 무심과 십만 팔천리 어긋난 질문이다. 무심이기에 온전히 깨어 있을 수 있다. 무심이 궁극의 불성 작용이다. 그렇기에 어렵다. 안다는 것은 유심이 벌려놓은 잡화상에서 마음에 맞는 것을 찾는 행위와 같기에, 그래야만 안다는 일이 성립되는 것 같기에. 이는 선택이라는 행위를 자유롭게 하는 것 같지만 집착을 키울 뿐이다. 늘 같은 것에 눈이 가지 않는가. 유심으로 도를 구하는 것은 집착력을 기르면서 번뇌의 세계를 만들 뿐이다.

길에서 길을 잃는 일이 도를 찾는 일이다. 길이 일정하지 않듯 길을 걷는 이도 일정하지 않다. 상근기는 밖에서 찾지도 않지만 안에서도 찾지 않는다. 무심이 도를 상징하지만 무심이 흔들리면서 유심의 세계를 연출하니 유심 떠난 무심도 없고 무심 아닌 유심도 없다. 번뇌가 보리고 보리가 번뇌다. 이를 체득하게 되면 보리도 구하지 않고 번뇌에 머물지도 않는다. 구하면 보리가 번뇌가 되어 번뇌가 보리인 세계를 놓친다. 보리라는 법도 없거늘 번뇌가 있을 수 있겠는가. 하여 부처는 『금강경』에서 '법도 버려야 하거늘 하물며 법 아닌 것이랴'라고 이야기했다. 도의 실상이 이와 같다는 것을 드러내기 위해서는 다시 배휴의 친절이 이어져야 했다.

'도의 실상이 이렇다면 불법을 구하고 그것을 수행할 이유가 있는가'라는 질문이 그것이다. 본래 그렇거늘 무슨 까닭으로 도를 닦는다는 것인가라는 의문이 일어나는 것도 당연한 일이다. 이미 일어난 현상에 의문을 품지 않는다면 현상이 환상인 줄을 어떻게 알 수 있겠는가.

의문의 공능은 의문조차 사라지게 하는 데 있다. 의문 그 자체가 유심이나, 유심을 의심하여야 무심이 드러난다. 무심은, 봄이 되면 세계 그 자체가 봄기운으로 하나 되듯, 일어나고 사라지는 현상 그 자체만으로 하나 된 세계가 되는 것을 경험할 때나 어떠한 현상도 없는 상태를 뜻한다. 전자는 우주적 일자—一者가 되는 경험이라고 할 수 있다. 이 상태는 보는 자도 보이는 것도 없다. 오직 앎만이 가득하다. 저것과 상대할 이것이 아니다. 오직 이것 하나만으로 그렇게 앎이 연출된다. 그러다가 그와 같은 앎조차 사라지는 무심도 있다. 이때는 무심이라고 말할 수도 없다. 보는 자도 보이는

왜 깨달음은 늘 한박자 늦을까

것도 봄도 없기에. 그러다가 다시 유심 세계가 펼쳐지는데, 이때의 유심은 구할 것이 아무것도 없다는 것을 체득한 유심이다. 하니 배휴의 질문은 정곡을 찌르는 질문이다. 구하고 행할 필요가 없다. 인연의 흐름 그 자체가 도인데, 도를 닦는다는 말이 어찌 성립되겠는가. 하여 황벽 스님은 '그렇게 된다면 마음의 수고를 덜지 않겠는가'라고 하셨다. 참선하는 도량에서 참선할 필요가 없다고 이야기하고 있으니, 배휴의 인내심을 따라가야 한다.

'그렇다면 모든 가르침이 뒤섞여 혼탁하게 되어 가르침이 단절될지니, 없다는 것은 무슨 말입니까?'라는 질문을. '모든 것이 도다'라는 말과 '모든 것이 도가 아니다'라는 말은 어떻게 다를까. 모든 것이라는 말 속에는 이미 '~이다'라는 것과 상대하는 '~이 아니다'라는 말을 쓸 수 없거늘. 하여 '없다는 것도 옳지 않지 않습니까?'라고 물을 수밖에 없었을 것이다. 사실 여기에는 무심이라는 상태를 유심과 상대되는 어떤 것으로밖에 이해할 수밖에 없는 언어의 한계를 지목하지 않을 수 없다.

허나 황벽의 무심은 그렇지 않다. 무심인 듯한 유심이며, 유심인 듯한 무심이라고 해도 황벽의 무심은 제 모습을 드러내지 않는다. 그냥 무심일 수밖에 없다. 무심에서의 무는 없다는 것을 가리키지 않는다. 오직 혼자된 듯한 무심은 온전히 그것만으로 유심이다. 비교·분별을 떠났기에 정에 따라 선택하고 가리는 일상의식의 작용과 다른 유심인 무심이다. 일상의식을 정식이라 하고 정식이 멈춘 것과 같은 상태를 선정의식이라고 부르기는 하지만, 내용상으로 보면 둘 다 유심이다. 어떤 경우는 선정의식조차 사라지는 절대 무인 상태도 있다. 이를 멸진정이라고 부른다. 무심으로서 무심인 상태다. 여기에는 어떤 이름도 붙일 수 없다. 흐름으로 보면 단절된 것과 같은 무심 가운데 무심이나, 이곳에 있기에 온갖 유심도 그 자체로 도의 진면목이 된다. 유심이 무심이 되고 무심이 유심이 되기에. 실제로는 유심도 무심도 현상으로 보면 다름은 있지만 어느 한쪽이 절멸된 상태가 되는 것이 아니다. 황벽 스님의 '없음'은 이것을 가리킨다. 유심이 무심을 근본으로 하기에 온갖 유심이 나타날 수 있고, 무심도 무심에 머물지 않기에 무심도 없음이 아니다. 하여 배휴의 질문에 황벽 스님은 '누가 그것이 없다고 했으며, 그것이 무엇이기에 그대는 그것을 찾으려 하는가?'라고 되묻고 있다.

유심의 길을 찾으려 하거나 무심의 길을 찾으려 하면 유심도 떠나고 무심도 떠나게 된다. 유심이 무심으로 흐르는 것도 도고, 무심이 유심이 되는 것도 도다. 유심에서 도를 찾으면 도 그것은 혼란스럽기가 한이 없고, 무심에서 도를 찾으면 그것이라고 할 수 있는 도조차 엿볼 수 없다. 구할수록 멀어지고 찾을수록 혼란스럽다. 그것이 없는 것도 아니지만 찾을 수 있는 것도 아니고, 있는 것도 아니지만 끊을 수도 없다. 쉬고 쉴 뿐이다. 그것은 언제나 이미 그렇게 그렇다.

있는 것도 아니고 없는 것도 아니며 같은 것도 아니고 다른 것도 아니다. 무심을 알려 하는 것은 정 따라 움직이는 의식이다. 정은 그냥 그렇게 손이 나가는 의식 흐름이다. 익숙한 분별이다. 싫고 좋음에 따른 인지와 행동이다. 알기도 전에 이미 도와 멀어지는 일을 하는 인지가 정식이다. 정식이 앞서면 지혜가 막힌다. 간혹 허공에 도를 비유하기는 하지만 도가 허공과 같은 것도 아니다. 같거나 다르다는 말은 이미 허공을 등지는 언사다. 허공이 언제 같거나 다르다고 이야기하는가! 그대의 정식이 같거나 다르다고 할 뿐이다. 여기에 속아서는 안 된다. 정식이 없으면 도가 실현되는 줄로 여기지만, 무심이 정식을 등진 적도 없고 정식이 무심을 근본으로 하지 않는 적도 없으니, 정식에도 속지 말고 무심에도 속지 말지어다.

9. 말이 만든 함정에 빠지지 말기를

언어는 그 자체로 완결성을 갖고 있어야 한다. 진행 중이라는 말도 그것 자체로 완결성을 나타낸다. 진행 중이란 미완성인 상태로서의 흐름이라고 할 수 있지만, 미완성은 미완성이라는 언어 의미로서는 완결을 뜻한다. 그렇기에 완성이면서 미완성이라고 하면 의미체계에 혼란이 온다. 물론 진행 중이란 뜻이 미완성과 등치된다고 할 수 있기 때문에 완성이면서 미완성이라고 이야기하는 것은 맞지 않을 수도 있지만, 사건·사물의 흐름은 언제나 순간순간의 모습으로 그때의 인연을 완성시키면서 그 완성을 허물어 새로운 인연을 완성시켜 가는 과정이기에 미완성이라고 할 수 있지 않을까.

불교에서 말하는 무상이라는 뜻이 그렇다. 어제와 같은 오늘, 오늘과 같은 내일이 있을 수 없다는 말이며, 오늘조차 수많은 인연이 만들어 내고 있으니 발 딛는 순간마다 다른

왜 깨달음은 늘 한박자 늦을까

오늘을 연출하면서 오늘을 완성해 간다고 할 수 있기에. 어떤 발자국이 오늘일까. 두 찰나를 한 찰나로 보는 순간 항상 한 어제와 오늘과 내일이 된다. 찰나마다 다른 흐름이어야 무상하다는 의미를 완성할 수 있지 않은가. 모든 사건·사물은 완성을 허물면서 새로운 완성을 끊임없이 만들어 낸다. 그리하여 사건·사물은 사건·사물로서 존재하면서 비존재가 된다. 흐름(도)의 실상이 이러하거늘 어디에다 같은 이름을 붙일 수 있을까?

해도 끊임없이 '나'를 찾는다. 실패할 수밖에 없는 일이다. 두 찰나를 이어 동일한 나는 환상 속에서나 존재하기에. 그럼에도 마음은 끊임없이 환상을 만들고 길을 낸다. 갈 길을 만드는 것이 마음이 하는 일 중에 가장 큰 일인 듯. 그렇게 만들어진 생각 길이 인생길이 된다. 어제 만든 길로 오늘을 걸으려 하면서 생기는 부딪침 때문에 아무 일도 못한다. 해서 마음이 상처를 받을 수밖에 없다. 걸음마다 다른 인연이지만, 마음은 그 인연을 대충 정리해 가는 길을 만들어야 하기에. 그래서 '집착하지 말라'는 말은 말이 되면서도 별로 힘을 발휘하지 못한다. 길이 보이지 않으면 두려움이 뒤따르기 때문이다. 어제를 꽉 잡고 있어야 그나마 위안이 되고, 없는 길을 찾을 수 있을 것 같으니 무작정 가는 것보다 나을 것 같지 않은가. 늘 그렇게 해 왔으니 생소하지도 않고. 사실 그 길도 스스로 만든 경우가 드물기에 길 위에 있으면서 생소한 감정이 생길 것 같지만, 익숙한 듯 느끼는 것은 누구라도 그렇게 알도록 연습되었기 때문이다.

만들어진 길만을 걷는다는 것은 제 길을 걷는 것일 수 없는데도, 누구나 제 길을 걷는 것인 양 걷는다. 그래야만 잘 산다고 인정받다 보면, 제 길을 걷는다는 것이 실제로는 어두운 터널을 걷는 것처럼 되기도 한다. 온전히 자신 그 자체로 존중받지 못한 일을 자주 겪다 보면 그렇게 된다. 실제로는 홀로 걸을 수 있는 길이 없는데도, 홀로 걸을 수밖에 없는 길 아닌 길을 제 길처럼 갈 수밖에 없다면 회한이 쌓일 수밖에 없다. 회한은 길 그 자체가 원래 완성되거나 완결된 것일 수 없는데도 특정한 길만을 걷는 것으로 삶의 과정을 판단받게 되는 데서 오는 경우가 많다. 그렇게 되면 행위자로서의 존재성을 있는 그대로 인정받지 못한 일이 잦을 수밖에 없어, 자신 스스로도 자신의 전 존재를 스스로 껴안을 수 없게 된다. 그것이 자신의 잘못이 아닌데도. 반드시 그렇게 이어질 것 같은 길도 느닷없이 바뀌는데, 어떻게 인생길을 생각대로 걸을 수 있겠는가.

익숙한 생각 길을 걷지 않을 수 있어야 있는 길도 도가 되고 새로 난 길도 도가 된다. 해도 생각 길을 걷는 도구가 언어다 보니 익숙한 언어 씀을 내려놓지 못하면 있는 길도 도가 되지 못하고 새로 만든 것 같은 길도 옛길을 벗어나지 못한다.

하여 황벽 스님께서는 배휴가 도에 대해 말을 하려고 하기만 하면, 언어의 색에 빠졌다고 했고, 배휴가 '왜 빠졌다고 생각하십니까?'라고 묻자, 황벽 스님께서 '그대가 스스로 그대인 것은 말의 색으로 이해되는 것이 아니거늘, 어디 빠질 곳이 있겠는가?'라고 말씀하실 수밖에 없었을 것이다. 생각을 실어나르는 언어는 저를 지키려고 사람을 부려 먹는다. 있는 것을 지키려 없던 시절을 생각하지 못하다가는 있는 것마저 잃고 만다. 잃고 난 뒤에야 새로운 세상이 이미 있었듯 그렇게 있겠지만, 다시 그것을 지키려다 새봄을 맞지 못한다. 하여 상처가 깊어진다. 지키면 가진 것 같으나 지킨 것이 제 몫을 다하지 못하기에.

시절은 그렇게 새롭게 새롭게 다른 길을 내면서 도의 빛을 흩뿌린다. 원래 잡을 수 없다. 꿈속의 일이지만 떨어질 때는 몸이 놀란다. 빠질 곳이 없지만 빠질 곳을 만들어 빠지면서 아픔을 키운다. 가끔은 아주아주 가끔은 눈 푸른 남자가 도인에게 묻는 일이 있다. 무심의 당처를. 허나 듣는 것

은 '악'이라는 의미도 없는 소리, 지금의 파도다. '그대 알았
는가'라고 시험하듯이 내지른 소리가 소리 너머를 드러내고,
그곳과 공명한 납자도 덩달아 소리 지른다. 악! 알아차렸다
면 서로 삼배하면 그만일 것 같지만. '악'이 정말 그곳을 드러
냈을까. 알 수가 없다.

　도인은 도인이고 납자는 납자이니 공명한다는 말이 성
립되는 것 같지도 않으나, 공명하지 않는 울림이 빈 마음을
담아내는 울림이 되기도 하는가 보다. 덩달아 악!이라고 외
쳐보고 싶다. 도인에게 주장자를 맞더라도. 이젠 그런 시절
인연도 비켜선 듯하다. 다시 황벽 스님의 말씀을 되새겨 본
다. 빠질 곳이 있는가? 악!

왜 깨달음은 늘 한박자 늦을까

10. 그림자를 구하고자 애쓰지 않기를

제자라고 해서 공손하기만 하면 때로는 스승을 욕 먹이는 일을 하게 된다. 때로는 당돌해야 한다. 주장자를 맞을 각오를 하고서. 배휴도 스승 황벽에게 '지금까지 당신께서 하신 많은 법문은 운반자일 뿐 도의 당처를 드러내는 것이 아니었다니, 어찌하여 그렇게 하셨습니까?'라는 질문으로 기개를 드러내려 했지만, 이 또한 스스로에게 속는 일이 되고 말았다. 당돌했으나 그뿐이었다. 중생이 깨달아 부처가 된다는 말이 성립될 수 없기에. 중생이 본래 부처였다는 이야기를 하기는 하지만, 중생도 무자성이고 부처도 무자성이거늘 어찌 중생이 부처가 될 수 있겠는가. 중생과 부처는 이항대립이 아니다. 중생의 무심과 부처의 무심은 한가지다. 중생의 무심이 부처의 무심으로 전환되는 것이 아니다. 무심이 본래 부처의 당처다. 여기에는 당처를 드러낸다거나 당처를 감춘다는 일이 일어날 수 없다. 가짜인 중생의 마음을 떠나서 진짜인 부처의 마음을 찾으려는 것이야말로 전도된 생각 가운데 전도된 생각이다. 그렇기에 황벽 스님은 배휴의 질문에 '자네의 질문 구도가 이미 전도되었다'고 하시면서, '어찌 실다운 법을 찾는다거나 실다운 가르침을 베푼다는 것이 가당키나 하겠는가?'라고 하셨다.

이에 한발 물러선 배휴가 '저의 질문이 전도된 것이라면 화상의 답처는 어떻습니까?'라고 재차 물었다. 그러자 황벽 스님께서는 '슬프구나, 그대가 거울에 비친 얼굴에서 그대의 얼굴을 찾으려 하는 것이! 나의 답처를 물을 일이 아니다. 그것은 스스로의 얼굴을 보지 못하면서 다른 이의 마음을 알고자 하는 것과 다름이 없다. 다른 사람의 일은 상관할 바가 아니지 않는가. 그렇게 하는 것은 바람에 흔들리는 갈대를 보고 무작정 짖어대는 개와 같고, 바람에 흔들리는 갈대와 같은 꼴을 면치 못한 것이다'고 하셨다.

공부하는 이는 오직 마음 바람이 일어나기 전과 계합해야만 한다. 선종에서는 흔들리는 마음을 이해하려는 공부는 하지 않는다. 한마음이라고도 할 수 없는 무심으로 부처인 중생으로 살면 그뿐이다. 이를 도라고 이야기하기도 하지만 그 말이 어찌 무심을 온전히 드러낸 말이겠는가. 부처이면서 중생이며, 중생이면서 부처인 한마음의 흐름을. 무심은 배워서 되는 마음 상태가 아니다. 이 마음은 중생인 부처들이 무심을 알지 못해 중생의 수만큼, 한 중생이 펼치고 있는 의식만큼 배우고 익힌 마음 활동이 아니다. 배우고 익혀 쓴 지해知解는 중생의 마음 활동으로 부처의 마음 활동을 가리는 역할을 한다. 자신의 반쪽을 보지 못하니 늘 허전할 수밖에 없다. 하여 도를 찾기 위해 마음 밖을 서성거리기도 하지만 소득이 있을 수 없다. 지해가 도를 장애하니 길에서 길을 헤매는 꼴이다. 이 상태를 미혹한 상태라고 한다. 스스로의 마음이 온갖 세계를 만들지만, 그 세계는 늘 마음 밖이다. 마음이 만든 세계이지만 마음 밖에서 찾으니 찾을수록 헤맬 수밖에 없다.

고향에서 고향을 잃고 고향을 찾는다고 고향 밖으로 나가는 것과 같은 일을 하는 것이 지해로 도를 구하는 일이다.

무심은 있는 곳이 없으며 형태나 언설로 설명되지도 않는다. 없는 것 같으나 그곳에서 온갖 보배가 현출하고, 언설을 근거로 찾아가면 길이 보이는 듯하지만, 종국에는 언어의 길이 닿지 않는다. 찾으려고 해도 찾을 수 없고, 가지려고 해도 가질 수 없다. 하여 근사하게나마 도를 배운다고 하지만 도는 익혀서 쓸 수 있는 것이 아니다. 배울수록 가까이 가는 것 같지만 그 끝에는 안개만 가득하다. 부처님께서도 말씀하시지 않았는가. 중생심에서 부처도 나오고 중생도 나온다고. 이 마음을 대승이라 한다. 중생심이 대승심이며 법계는 이 마음이다. 법계와 마음은 둘이 아니다. 온전히 깨닫고 있는 본성과 분별하여 알아차리는 지혜가 한 치의 오차도 없이 함께한다. 어느 쪽으로 눈을 뜨는가가 부처와 중생을 가르는 변곡점이다. 법계 그 자체인 대승심이 곧 무심부처의 당처인데, 어디에 또는 어떻게 부처의 무심이 있는가를 묻는다면 이미 어긋난 일이다. 하여 지혜로 무심을 알려 하지 말라고 한다. 지혜도 무심이 하는 일이지만 지혜가 가리키는 장소와 형상을 구하려 했다가는 늪에서 허우적거리는 일을 멈출 수 없기에.

도道는 길이지만 도 스스로 길을 내는 것은 아니지 않는가. 길이 있는 것이 아니라 인연이 길을 변주하고 있기에. 하니 길이라는 언어 개념에 상응하는 길이 있을 수 없다. 길은 없다가도 홀연히 나타나기도 하고, 있던 길도 어느새 자취마저 감추어지는 것이 길의 일상이다. 해서 길이라는 말이 있겠지만. 말에 상응하는 도가 그렇다는 말이다. 찾고 보면 있는 것 같으나 순간이라고 할 수도 없는 사이에 이미 사라지는 것이 도의 자취이면서 흐름이니, 도라고 이름 붙이는 일이 무슨 역할을 하겠는가. 곧바로 무심해지는 수밖에 없다. 기대하지 않으면 무심에 가깝다.

일어나는 현상들과 어울려 천진한 놀이를 하면 그만이다. 그것이 머물러 있기를 바라지 말라. 바라는 마음이 도와 멀어지는 마음이다. 일어날 때는 온갖 인연을 담아 일어나고, 사라지는 것 또한 모든 인연을 그 속에 담아낸다. 있음도 도이고 없음도 도이지만, 있음도 있음이 아니고 없음도 없음이 아니니 도라는 이름조차 도와 상응할 수 없다. 마지못해 도에는 이름이 없다고 말해 보지만 이름 없는 그 길에서 온갖 인연이 천진한 춤을 추고 있는 것과 같으니, 이름도 미치지 못하지만 이름 없다는 말 또한 도에 걸맞은 언어 쓰임이 못 된다.

부처님과 수많은 도인들의 말씀도 그렇다. 도의 자취를 드러내는 역할을 충실히 했다고도 할 수 있지만, 실제로는 자취를 지시하는 역할을 벗어나지 못했다. 그렇기에 45년간의 부처님 말씀도 도와 상응했다고 할 수 없어, 부처님께서 45년간 한 말씀도 한 적이 없다고까지 이야기한다. 부처님께서도 잘 아셨을 것이다. 당신의 설법을 듣고 있는 마음, 무심이 현상한 마음 밖에 도가 없는데도 설법 속에서 도를 찾으려는 아픔을. 해도 어쩔 수 없지 않은가. 누구라도 자신의 삶을 살 수밖에 없으니. 신통력이 있다고 해도 듣는 사람에게 부처의 마음을 있는 자리에서 쓰게 할 수 없으니, 신통력도 그 자리에서 무용지물이 되고 마는 아픔을 부처님께서도 감당해야 하셨겠지. 당신의 법문을 방편 삼아 스스로 무심을 드러내는 일을 할 수밖에 없어, 법문을 지고 다니지 말라고 하신 말씀에 스며 있는 자비를 알아차리는 이는 몇이나 됐을까. 부처님의 법문은 부처님의 무심이 펼치는 도이고, 듣는 이는 듣는 그것이 곧 자신의 무심이 펼치는 도인 것을 온전히 받아들이기가 쉽지 않으니, 몸과 마음이 인연의 길을 가는 것이 아니라 중생심으로 현상한 인연이 도의 당처를 온전히 드러내고 있다는 것을.

이것을 알아차리는 일이 거꾸로 된 지해知解를 전복시키는 일이다. 그렇게 되면 마음 쓰임 하나하나가 인연의 흐름인 도와 온전히 계합하게 된다. 이를 자유라고 한다. 출가 수행자의 마음 씀은 이래야 한다. 분별상에 머무는 마음 씀을 내려놓는 연습이 출가 사문의 수행이니, 수행자는 마음이 만든 그림자인 분별상에 현혹되어서는 안 된다. 분별상은 외부에 없다. 오직 그대 마음이 만들기도 하고 해체하기도 하는 그림자다. 그림자를 좇는 일이 수행이 되어서는 수행한 세월만큼 채워지는 그림자에 빠져 갈 뿐이다. 수행으로 그림자를

　　　　　왜 깨달음은 늘 한박자 늦을까

많이 얻은 것 같기는 해도 그것의 본바탕은 그림자일 뿐이기에. 도를 구하고자 하는 마음이 숭고한 것 같아도 그 또한 무심이 만든 인연의 그림자에 지나지 않는데, 무얼 구하고자 그리 바쁜가. 구해도 그대 마음을 자유롭게 할 수 없는데. 어쩌면 구했던 것들이 그림자인 줄 아는 데까지가 수행인 듯하다. 그때가 되어서야 부질없는 구함을 내려놓을 수 있으리니. 하지만 아프지 않은가. 보배의 마음을 써서 부질없는 그림자를 좇고 있는 세월이. 마음이지만 마음에 세 든 것과 같은 분별심에 현혹되지 않으면 그뿐인 것을. 왜 주인이면서 그림자를 좇는가. 멈추면 된다. 찾아지는 것이 아니라 멈추면 드러나는 것이다. '것'이라고도 할 수 없다고 해야겠지만 할 수 없이 그렇게 말하고 있다는 것을 잊지 말기를. 하여 '그대는 누구인가'라든가, '매인 마음을 가져오라'는 말 한마디에 홀연히 무심도인이 되기도 한다.

배우는 것도 중요하지만 무심을 드러내지 못하면 배운 그림자가 그대를 덮고 만다. 이를 집착이라고 한다. 길의 인연이 이미 변했는데도, 옛 자취를 찾아 헤매는 일은 그렇게 해서 일어난다. 아는 것이 장애가 되어 길에서 길을 찾는 일을 멈추지 않는 수고로움이 안쓰럽지 않은가.

소화하는 능력을 갖추지 못하고서 먹기만을 탐하니 뱃

속이 편할 날은 언제일까. 선에서 성문·연각을 배우지 말라고 하는 까닭도 여기에 있다. 배운 것으로 보면 도서관을 채울 만큼 많지만, 그 속에 자신의 대승심이 없으면, 소화되지 않는 상황에서 다시 먹기를 멈추지 않는 것과 같아 아픔만을 키운다. 해서 배우는 일이 독약을 먹는 일이 된다고까지 이야기한다.

　이와 같은 일이 되풀이되는 것을 생사윤회 속에 있다고 한다. 그림자 마음이 일어나는 것이 생生이고, 그 마음이 사라지는 것이 사死이니, 하루라도 편할 날이 있을까. 생을 탐하고 사를 싫어하는 것이 인지상정인 것 같으나 무심에는 생도 없고 사도 없다. 무심에도 머물려 하지 않으면 생사가 곧 무심이다. 그저 그렇게 인연에 상응한다. 인연에 상응하는 것이 아니라 온갖 인연이 온전히 무심의 당처를 그대로 드러내는 것이다. 이를 '진여'眞如라고 한다. 참으로 그럴 뿐이다. 생에도 사에도 흔들리지 않는 흐름을 '여여'라고 한다. 대승심이 곧 법계니 참으로 여여하지 않을 수 있겠는가. 어떤 것이 대승심일 수 없다는 것을 알아야 어떤 것에도 집착하지 않게 된다. 그때가 되면 어떤 것도 대승심인 줄 알게 되어, 중생인 부처가 비로소 부처인 중생으로 현현한다. 되는 것이 아니고 나타나는 것과 같다는 것을 명심해야 한다.

무심에도 머물지 않고 나타난 것에도 머물지 않는 공능을 '공여래장'이라고 한다. 무심에는 유심이 숨어 있는 것 같고 유심에는 무심이 숨어 있는 것 같아 장藏이라고 하고, 무심도 인연이요 유심도 인연이라는 뜻으로 공空이라 하며, 유·무심에 머물지 않고 흐르면서 인연마다 부처 세계를 드러낸다는 뜻에서 여래如來라고 한다. 머무르는 순간 대승심 가운데 중생심이 부처심을 가려 중생계가 펼쳐지고, 머물지 않는 순간 가려진 것 같은 부처심이 현상하면서 부처 세계가 펼쳐진다. 공여래장은 무심에도 유심에도 머물지 않는 흐름이니 번뇌가 있을 수 없다. 번뇌란 흐르는 순간을 잡으려는 그림자 마음에 놀아나는 중생심이다. 필요를 위해 순간을 잡아야만 하지만 흐름은 그 순간에도 멈출 수 없으니, 부처심은 또 무엇인가. 비워야 하지만 채우지 않으면 비움도 헛말이다. 비움은 채움의 상대편이어서는 비움도 헤아리는 그림자 신세를 못 면한다. 비움이 어느새 분별된 그림자가 된 것이다. 어느 것도 다름이 옆에 없으면 어느 것인 줄 모른다.

　　중생심이 좇아가는 것들은 늘 정이 앞선다. 정이 있어야만 하지만 정이 번뇌가 되는 시점이 중생이 태어나는 곳이고, 그 정에 미소를 얹어 가볍게 보내주게 되면 부처가 태어난다. 부처가 부처에 머물지 않고 뭇 생명과 함께하는 것도 정이나, 그 정에는 매서운 찬바람이 동반되기도 한다. 머문 곳을 파헤치기 위한 바람이다. 연등부처님께서 '부처가 될 자는 어느 것도 머물 수 없는 줄 알아, 한 법도 세우지 않는 마음 씀이 익은 수행자다'라고 한 말씀도 낮은 목소리에 담겨 있는 견고함이다. 유심을 녹이는 바람은 단단해야 하지만, 단단하기만 해서는 무심과 상응할 수 없다.

잔잔한 바람이 주는 포근함이 미혹의 그림자를 흩어버린다. 아무 일도 하지 않지만 드러나는 일마다 그대로 도를 현상할 수 있는 힘도 여기에서 나온다. 이런 이들을 뜻대로 할 수 있는 이를 무사인無事人, 곧 일이 없는 사람이라고 한다. 정을 앞세워 일을 하지 않고 길의 굴곡처럼 유연한 마음이 앞선 이들이다. 굴곡에 따라 적의 적절한 일을 하는 것을 보면 하지 않는 일이 없는 사람이고, 앞의 굴곡에 머물지 않는 것을 보면 흔적을 남기지 않는 사람이다. 이 일은 무심한 사람들이 가장 잘한다. 선의 마음이야말로 부처의 마음이 중생의 마음으로 화한 마음이니, 하는 것으로 보면 유심과 다름이 없고, 머물지 않는 것으로 보면 무심과 다름이 없다.

11. 마음에는 범부와 성인이 없다

마음이 삼계三界(거칠게 설명하자면 욕탐으로 만들어진 세계인 욕계欲界와 있는 그대로를 보는 마음이 만든 세계인 색계色界, 그리고 오직 앎만으로 펼쳐지는 세계인 무색계無色界를 말한다)를 만드니 삼계를 윤회하는 마음이 따로 없다. 그대들은 어찌 윤회하는 마음을 알고자 하는가? 그림자에 지나지 않는 삼계를 등에 업고서 무엇을 하고 싶은가? 삼계를 만드는 것도 삼계의 그림자를 지우는 것도 마음이며, 범부의 마음과 성인의 마음이 다르지도 않은데. 하여 마음이 곧 부처라고 했는데도, 이와 같은 것을 알지 못하고서 범부의 마음을 버리고 성인의 마음을 찾으려고 하니, 찾으려는 노력만큼 제 마음에서 멀어질 수밖에. 이것이 윤회의 실상이다.

배휴가 일부러 매를 벌었다. '마음이 부처라고 하는데, 어느 마음이 부처입니까?'라고 한 물음이 그것이다. 황벽 스님도 말도 되지 않는 물음에 호응하여 '그대는 몇 개의 마음이 있는가?'라고 되묻는다. 사실 누구라도 이 질문에 마음이 깨어나야 한다. 배휴의 도움이 필요 없이.

허나 두번째 상황에서도 깨어나지 못했으니 배휴의 넋두리가 필요하기는 하다. 넋두리에 지나지 않는 배휴의 '범부가 쓰는 마음이 부처입니까, 아니면 성인이 쓰는 마음이 부처입니까'라는 질문이 그것이다. 정확히 말하자면 '범부의 마음'이라는 말은 틀린 말이다. 성인의 마음 또한 그렇다. 마음이 범부도 되고 성인도 된다. 그래서 중생심이 곧 대승심이 된다. 중생심의 작용양상에 따라 범부와 성인의 마음이 드러나는 것 같기는 해도 범부의 마음 또는 성인의 마음은 없다. 오직 마음뿐이다. 성문도 있고 보살도 있지만 마음에는 삼승이 없다. 삼승도 없거늘 어찌 범부와 성인의 마음을 이야기할 수 있겠는가. 범부의 마음도 허망한 분별이고 성인의 마음도 허망한 분별이다. '누가 분별하는가'를 살피지 못하면 너무나 분명한 사실로 알고 있는 것도 실제로는 허망한 분별에 지나지 않는다. 많은 경우 분별된 것을 있음이라 하고 분별 이전을 없음이라고 여기기도 하지만 이 또한 허망한 분별이다. 지극한 도는 어렵지 않다고 하지 않았던가. 가려 선택하는 마음이 허망한 줄 알면 된다. 그렇게 되면 평상심

　　　　　　　　　　　왜 깨달음은 늘 한박자 늦을까

이 곧 도가 된다. 있음에도 속지 않아야 하지만 없음에도 속지 않아야 한다.

유有도 문제지만 공空도 문제다. 공인 본체가 현상하는 것도 아니고 현상한 것이 공 아닌 것도 없다. 티끌 하나도 온 우주가 함께 그렇게 현상하게 한다. 티끌이 제 모습이지만 티끌일 수 있게 하는 유일한 실재는 없다. 모든 현상이 다 그렇다.

이것이 있음이며 공이다. 있음을 상대하는 '공'도 없고, 공 아닌 '있음'도 없다. 현상으로 차별하면 안 된다. 차별하는 마음이 허망한 마음이다. 현상을 여의고 돌아갈 마음이 따로 없다. 돌아가고자 하는 마음은 허망한 분별을 따라 제 서 있는 대지가 사라지는 현상을 연출한다. 떨어지지 않으려 노력해도 소용없다. 꿈속에서 허우적거리는 일이 어디 한두 번이던가.

하니 누구라도 마음으로 마음 찾는 일을 멈추어야 한다. 현상한 것이 곧 마음이며 그 마음이 곧 시절인연이다. 시절인연이란 말을 놓쳐서는 안 된다. 마음 밖에 있는 시절인연을 마음이 아는 것이 아니다. 그렇다면 마음을 어찌 대승심이라 했겠는가. 시절인연 그 자체가 마음이며 깨달은 마음이다. 티끌로 현상하는 인연 그 자체가 대승이거늘 어찌 소승이 있을 수 있겠는가. 범부의 마음을 버리고 성인의 마음을 구하려는 것 또한 대승이면서 생멸하는 마음 현상이다. 현상이라는 의미를 늘 되새겨야 한다. 현상도 마음이지만 읽혀진 현상으로 마음을 그려서는 안 되기에. 안다는 현상으로 일이 관지하는 것이 마음이니, 시절인연이야말로 시절을 드러내는 대승심. 해서 현상으로 보면 범부의 마음 같고 성인의 마음 같지만, 이를 관통하는 깨달음은 매한가지다.

이 소식을 전한 분이 달마 스님이다. 달마 스님께서 오신 까닭을 묻는 것이 화두 가운데 하나이기는 하나, 그것을 알려 하는 것과 아는 것은 하나이면서도 다르니 조심해야 한다. 마음이 곧 부처인 그 마음은 찾아지는 마음이 아니라 해도 그 마음을 찾으려 애쓴다.

애쓰다 보면 어느 날 홀연히 찾으려는 마음이 사라지면서 앎만이 온전히 자신을 드러내는 순간이 있기는 하지만, 그 또한 그렇고 그런 마음 현상이다. 여기에 속아서도 안 된다. 대승심에는 가려 선택할 부분이 따로 없다. 그냥 그대로 대승심이다. 해서 선택하는 순간 번뇌에 떨어지고 선택하지 않으려는 순간 진면목이 드러난다. '드러난다'기보다는 언제나 그렇게 현상하고 있는 것이다. 작용마다 대승심이기에 분별하는 마음을 따르면 삶 전체가 생사에 허덕이고, 가려 선

왜 깨달음은 늘 한박자 늦을까

택하는 마음이 쉬면 전 존재가 깨달음을 현상한다. 옛날도 그렇고 지금도 그렇고 앞으로도 그렇다. 지혜의 시절인연이다. 그렇기에 마음이 곧 부처라고 한다.

　이 말을 들은 배휴거사는 새삼스럽게 '곧'이란 말에 주의가 끌렸다. 하여 묻지 않을 수 없었다. "스님께서 말씀하신 '곧'이란 어떤 도리입니까?"라는 물음이 그것이다. 그럴듯한 질문이지만 이 질문 또한 '어떤 도리'라는 의미를 찾는 질문이니, 마음 밖을 헤매는 꼴이 되고 말았다. 아프다. 아프지만 물어야 한다. 묻지 않으면 익숙한 도리에 갇힌다. 해체되지 않는 도리는 현상을 설명하는 도구가 되기는 하지만, 현상을 왜곡하는 주범이 되기도 한다. 이것이 탐욕과 결부되면 도리를 장악하는 이들의 거칠 것 없는 폭력이 현상을 지배한다. 탐욕을 정당화하는 허상의 도리가 삶 그 자체를 점령하면 차별이 정당화되기에. 하여 터럭만큼만 벌어져도 종국에는 하늘땅만큼 삶의 실제와 어긋나고 만다.

　차별하는 마음 현상이 제 마음과 어긋난 거리가 그렇다. '그대가 찾는 도리란 무엇인가?'라고 묻고 있는 황벽 스님의 표정은 어떠했을까? 한편으로 기특하기도 하고 다른 한편으로 처연하기도 한 질문의 속내는 '하나의 도리가 생기면 하나의 차별이 생기는 것과 다르지 않다'는 것을 황벽 스님으로 하여금 애써 드러내게 한 것이었지 않을까. 배휴에게 감사해야 하지 않을까. 과거도 그렇고 현재도 그러하면 미래도 그러할 무심의 도리도 하나의 도리라고 여겨서는 안 된다는 것을 애써 드러내려 하는 배휴의 처절함을.

그렇다. 무심이지만 그 마음이 유심과 다르지 않고, 유심이라고 해서 무심의 깨달음을 드러내지 않는 것이 없다는 것을 안다는 일이 어디 쉽겠는가. 자칫하면 다시 유 또는 무의 도리에 시선을 뺏기고 마는 중생심이 바로 불심이라고는 하지만, 도리에 뺏긴 마음을 내려놓지 못하면 중생심은 중생심이고 불심은 불심이 되고 마니. 차별의 실상이 이렇다. 불심을 구하려 하면서 불심인 중생심을 잃고, 중생심을 떠나려 하면서 불심까지도 떠나고 마는 아픔이 곧 도리를 구하는 마음이며, 차별을 내재화하는 마음이므로. 하여 '이 연사 목소리 높여 외칩니다'라는 심정으로 황벽 스님도 언어의 허물을 빌릴 수밖에 없었을 것이다. '구하지 않는다면 달라지는 것은 없다'고, '마음이 곧 부처'라고.

그러다 보니 여기서도 '곧'이 문제가 되었다. 마음을 달리해야 부처가 되는 것이 아니라 마음이 곧 부처라고 한다면, 달라지는 것도 없는데 왜 '곧'이라는 설명이 필요하냐는 의문이 그것이다.

왜 깨달음은 늘 한박자 늦을까

이 상황을 이해하기 위해서는 '범부의 마음과 성인의 마음 가운데 어떤 마음을 가리켜 마음이 곧 부처라고 합니까'라는 질문에서 출발했다는 것을 되짚어 볼 필요가 있다. 황벽 스님께서 지속적으로 설파하신 '마음에는 범성이 없다'는 이야기 속에는 '곧'이라는 의미조차 드러설 자리가 없다는 것을 전제하고 있음에도 불구하고, 배휴는 '달라질 것이 없다면, 곧이라고 말할 필요조차 없지 않습니까?'라고 묻고 있다. 매우 날카로운 질문 같지만, 이 또한 '곧'과 '곧 아님'을 전제한 질문으로 황벽 스님께서 말씀하신 마음의 당처를 놓치고 있다. 현상하면 현상한 마음이 부처고, 현상하지 않으면 그 또한 그것대로 부처를 현상한다. 현상과 현상하지 않음을 잇는 '곧'도, 마음과 현상을 잇는 '곧'도 없다. 그냥 그대로다. 머리카락만큼의 틈도 벌어질 일이 본래부터 없다. 그런데도 '곧'으로 잇지 않으면 마음과 부처를 그릴 수 없으니, 부처를 그리면서 부처를 잃고 있는 일이 또한 부처의 일이다. 부처의 일이 이러하므로 아무 의미를 담고 있지 않은 것과 같은 '할'과 '방'으로나마 마음이면서 부처인 당처를 드러내려 애를 쓰고 있는 일이 자주 일어난다. 여기서는 넘치는 친절로 배휴에게 그대가 범성을 구별하지 않는다면, '곧이 곧 곧 아님'이며 '마음이 곧 마음 아님이다'라고 이야기하고 있다. 넘치는 친절이지만 서글픔이 한 아름 담긴 말이 아닐는지. 말하는 순간 말이 갖는 의미체계 속에 떨어질 수밖에 없으니. 하여 사족처럼 '만약 마음과 곧을 잊는다면 그대가 찾아야 할 것은 아무것도 없다'는 말을 덧붙여야 했다.

12. 이심전심은 마음을 뺏는 일이다

번뇌는 갈증을 동반한다. 늘 부족한 자기를 만드는 마음이며, 무언가를 채워야만 할 것 같은 마음이기에. 갈증이 사라지면 번뇌가 곧 깨달음의 발로인 것을 사무치게 경험하게 된다. 번뇌인 유심이 불성인 무심을 장애하는 것이 아니기에. 하므로 망념을 없애려는 노력이 부처인 중생이 중생인 부처로 사는 길을 만든다. 사실 이 길 밖에 부처 길이 따로 없으니 난감하다. 하여 '제 서 있는 길이 통째로 꺼지는 경험을 해야 한다'고도 이야기한다.

자비심이 넘쳐나는 배휴, 오물을 뒤집어쓰는 심정으로 '어떻게 망념을 없애야 합니까?'라고 묻는 것이 그것이다. 망념이 안목을 가리고 있는 제 처지를 뒤집고 싶은 것이다. 망념이 일어날 때는 망념밖에 없거늘 어찌 망념이 스스로의 마음을 장애할 수 있겠는가. 거룩한 물음이 중생인 부처를 양

산하고 있다. 싯다르타의 출가를 '거룩한 포기'라고 이름 붙이는 이유를 잠시 떠올리는 것은 어떨까? 무심이 현상하면 유심이 되고 그것만이 시절인연을 통째로 드러낸다. 유심에 가린 무심이 없다. 무심이 유심을 가리지 않는 것과 다르지 않다. 망념으로 망념을 여의려는 일은 갈증난다고 바닷물을 마시는 것과 같다. 마실수록 갈증만 심해지지 않겠는가. 중생인 부처의 삶이 그렇다. 어느 '것'도 없거늘 어찌 없앨 망념이 있으며, 깨달아야 할 마음 또한 있을 수 있겠는가.

현상한 마음만을 경험하는 '중생인 부처의 마음 씀'은 '것'의 환상을 실재시하므로, 망념도 실재가 되고 만다. 정념도 머물지 않거늘 망념을 어찌 잡을 수 있을까. 정념도 갖지 않아야 하거늘 어찌 망념에 집착하는가. 정념도 망념도 없는 것이 정념이 되나, 여기에는 이미 망념을 상대할 정념이랄 것도 없다. 망념을 여의면 정념이 현상하는 것이 아니다. 일체가 정념이거나 망념일 뿐이다. 어떤 식으로 이야기해도 분별을 벗어나기 어렵고 어렵다. 정념이 있다면 망념도 있고, 망념이 없다면 정념도 없다. 한 가지 마음이거늘 어찌 하나의 마음을 여의고 다른 마음을 얻고자 하는가, 어찌 한마음으로 현상하고 있는 시절인연의 충만함을 기꺼이 받아들이지 않는가.

왜 깨달음은 늘 한박자 늦을까

마음을 닦는 이들의 갈증이 마음을 닦지 않는 이들의 갈증보다 심하리니, 마음을 닦는다는 일을 하기도 쉽지 않다. 갈증이 심해져야 갈증을 여읠 수 있는 모순이 범부의 마음과 성인의 마음을 분별하는 모순을 넘어서게 한다. 넘어서고 보면 범부의 마음도 성인의 마음도 없다. 의지해야 할 어떤 것도 없다. 성인의 마음이라고 해서 닦아서 얻은 마음이 아니다. 본래 마음이라고 할 수 있는 '것'이 없거늘 어찌 마음을 버리고 마음을 얻을 수 있겠는가. 의지할 마음도 없거늘 어찌 집착할 마음이 있겠는가. 망념을 여읜다는 말도 말이 되지 않는다. 어느 것도 그것으로 한 세계를 건립한다. 지체하는 일이 없다. 머뭇거리면 머뭇거리는 세계를 만든다. 항상 주저주저하면서 허덕이는 세계도 그렇게 생겨난다. 의지해야 할 범인의 마음과 성인의 마음이 없다. 오직 제 마음이 만든 세계에서 허덕이거나 허덕이지 않을 뿐이다.

그런데도 자비심이 넘쳐나는 배휴는 오물을 기꺼이 뒤집어쓴다.

'이미 의존하여 집착할 것이 없다면 무엇으로써 심법의 등불을 서로 전합니까?'라는 물음이 그것이다. 마음이랄 것도 없는데 전한다는 말은 또 무슨 말인가. 집착하는 마음은 마음이 일으키는 그림자를 잡았다고 여기거나 잡으려 하는 짓이라, 현상은 있는 것 같으나 환상에 지나지 않고, 마음은 있는 것도 아니고 없는 것도 아니니 의존한다거나 집착한다는 뜻이 이미 없다. 실상이 이러하거늘 무엇을 전한다는 말인가. 일부러 오물을 뒤집어쓰려는 자비심이 아니었다면 그냥 돌아서면 그뿐인 질문이다. 황벽 스님의 맞장구가 그렇다. '마음으로써 마음에 전한다'는 답이 그것이다.

드러난 마음은 이미 시절인연을 다했고, 드러나지 않는 마음은 마음이라는 이름조차 없는데도, 황벽 스님도 배휴의 자비를 못 본 척할 수 없어, 이심전심이라는 사족을 달고 있는 것이다. '제발 사족인 줄 알아라'라는 뜻일까? 사족인 줄 모를 때는 계속해서 물을 수밖에 없다. '이심전심'이 성립되려면 마음이 없어서는 안 되지 않습니까? 라고. 언어가 그렇다. 전한다고 하면 전할 수 있는 어떤 것이 있어야 전한다는 말이 성립되지 않겠는가. 해서 말을 넘어서고 생각을 넘어서라고 하지만, 넘어선 곳을 찾기 시작하면 헛짓거리만 깊어진다. 있는 마음을 잡고 있다면 집착이라는 말은 성립되지 않는다. 오직 집착만 있을 때가 문제다. 시절인연이 다한 마음을 찾는 일이 어디 가당키나 하겠는가. 아픈 일이다. 잡으려야 잡을 수 없는 것을 잡을 수 있다는 망상으로 지금 여기를 채우는 허망함이.

이심전심은 마음을 전하는 것이 아니다. 마음을 뺏는 일이다. 잡고 있던 마음이 빠져야 머물지 않는 마음이 제 길을 간다. 누구한테 물려받은 마음도 아니고 그렇다고 물려받지 않는 마음도 아니다.

시절인연이 된 마음을 물려받고 물려주지만 그 마음은 머물지 않는 마음이라 그 마음이라 하는 순간 이미 그 마음이 없다. 해서 무심이다. 없다는 것으로 보면 전한다는 말이 헛소리인 것 같으나, 없기에 물려받을 수 있다. 무심이며 무법인 것만이 서로를 채울 수 있고 비울 수 있다. 해서 전할 수 없는 것만이 전해진다. 말이 되지 않는 곳에서 생각으로 헤아릴 수 없는 것을. 해서 '곳'이나 '것'으로 어림짐작해 볼 수밖에 없다. 이곳은 사의思議의 길이 끊긴 곳이다. 부사의! 제 마음과 계합하고 보니 마음길도 끊기나, 끊긴 그곳에서 다시 길이 생겨나 물이 흐르고 꽃이 핀다. 황홀은 그렇게 길 없는 곳에서 길이 생겨나는 아픔이다. 옛과 이별을 하는 일이 순간순간 일어나고 있으니 아프지 않는다고 하면 황홀을 맞이하는 마음가짐일 수 있겠는가! 마음도 없는 데서 마음이 일어나고 법이 없는 곳에서 온갖 법이 탄생하는 흐름, 이것이 무심이다.

13. 마음을 찾기 위해 애쓸 필요 없다

지금까지 무심에 대해서 수없이 이야기했지만 실제로는 무심에서 아는 마음과 알려지는 내용이 홀로그램처럼 펼쳐지니, 무심도 무심이 아니다. 해서 마음을 허공에 비유하기도 하는데 이는 보인 허공으로 보면 이차적인 마음이고, 일차적인 마음으로 보면 허공이라는 비유도 맞지 않는다. 말을 하는 순간 이미 과녁을 맞출 수 없는 화살 신세가 된다. 마음에 대해서는 '무엇인가'라는 물음이 성립될 수 없다.

삶 그 자체가 마음이라 해도 과언은 아니나, 무엇이라고 하는 순간 이미 경계를 짓는 일이 되면서 경계 없는 마음과 멀어진다. 마음이 있다고 해도 그 '있다'가 '없다'와 상대하는 것이 아니고, '없다'고 해도 마찬가지다.

무심에서 유심과 경계가 홀로그램처럼 펼쳐지면서 삶이 이어지나 이어지는 것들은 오직 마음 그 자체인 대승심에 나타났다 사라졌다 하는 영상. 영상이 일어났다는 것은 아는 마음과 알려지는 대상의 거리가 생겼다는 말이다. 마음이 만든 영상이므로 영상도 마음이지만, 아는 순간 가시광선이나 가청주파수처럼 그렇게 알고 알려질 수밖에 없는 경계 속에서의 거리만큼 알려지는 마음이 되고 만다. 아는 순간 이미 그 마음이 아닌 것이다. 없지는 않지만 알 수도 없다. 안다는 것의 거리가 제 마음과의 거리가 된다. 할 수 없어 '마음은 허공과 같다'라고 비유하지만, 그 비유가 곧 알려지는 마음이 되면서 다시 '그것을 아는 마음은 무엇인가'라는 의문이 생길 수밖에 없다. 배휴의 질문이 그렇다. '허공도 경계이거늘 어찌 경계를 빗대어 알아차리는 마음이 없다고 하십니까?'라는 질문 말이다.

　이미 눈치챘겠지만, 홀로그램처럼 나타나는 경계만을 마음이 만든 것이 아니고 아는 마음 또한 더 근본적인 마음이 만든 것이란 이야기를 지금껏 해왔다. 그런데 근본적인 마음은 마음이 아니다. 마음조차 만드는 마음인데 그것은 아는 마음이 아니란다. 아는 작용이 없다면 마음이라고 말할 수조차 없는데.

　여기서도 주의를 기울여야 한다. 작용이라는 말을. 작용은 이미 유심경계다. 마음도 경계가 되고 말았다는 뜻이다.

이미 경계이거늘 그것이 어찌 마음이 되겠는가. 이는 물속의 달과 같다. 그림자 달은 달이 아니지 않는가. 그림자를 가지고 마음을 유추해 볼 수는 있지만, 그 또한 경계를 구분하여 이해하는 분별심. 어찌 대승심이겠는가. 아는 마음은 아는 작용을 하는 마음이지 무심이 아니다. 이는 제2, 제3의 마음이다. 우리는 제2의 마음으로 제1의 마음을 알고자 하지만, 제2의 마음은 분별을 통해서 경계를 구분해야만 아는 마음이니 경계 없는 마음을 어찌 알 수 있겠는가. 하여 '쉬고 쉴지어다'라는 말을 되풀이하고 있지만, 쉬기 전에는 그 또한 아득한 소리에 지나지 않는다. 황벽 스님의 노고가 그렇다. 그럼에도 쉼 없이 헛수고를 한다. '비춰 보세요'라는 주문이 그렇다. 펼쳐 낸 홀로그램과 같은 영상을 비춰 보는 것이 아니라 눈을 돌려 영상을 만드는 마음을 비춰 보라는 뜻이다. 분별할 수 없는 경계를 만나면 분별하는 마음인 제2의 마음이 좇을 곳을 알 수 없게 되는 때가 있다. 할 수 없이 아는 작용을 멈출 수밖에 없는 상황이 된 것이다.

무심에 이르는 통로가 문틈으로 스며드는 빛처럼 열리면서 분별없는 마음으로 순간을 온전히 살게 한다. 졸리면 자고 배고프면 먹을 뿐이다. 유심도 온전히 유·무심을 드러낸 것과 같고 무심도 온전히 유·무심을 드러낸 것과 같다. 경

왜 깨달음은 늘 한박자 늦을까

계를 알지만 경계에 쫓기지 않고, 마음이 쉬었지만 그것을 바라지도 않는다. 오직 전체로 그것이 된다. 영상인 유심도 영상 없는 무심도 그냥 시절인연.

무엇을 더하고 무엇을 뺄 것인가. 더하고 빼려 해서는 시절인연을 등지면서 시절인연이 제 뜻대로 펼쳐지기를 바라는 것과 같아 갈증을 멈출 수가 없다. 영상이 펼쳐져야 분별하는 마음도 제 역할을 할 수 있기에 항상 경계를 펼치고 분별하면서 아는 마음이 이리저리 내달리지만, 그렇게 경계에 끄달리면 마음을 쉰다는 것은 어불성설이지 않겠는가.

경계가 인연 따라 펼쳐지더라도 그냥 지켜보는 일이 먼저여야 한다. 경계를 탓할 일이 아니다. 이 일을 하는 것도 제2의 마음이지만, 경계에 끄달리지 않아야 무심의 문을 열 수 있다. 이를 관한다고 하나, 무엇을 보고 있어서는 순일한 관이 되지 못한다. 온갖 인연의 영상들이 흘러가는 와중에 그것들을 그대로 놓아 두는 관을 하다 보면 어느 틈에 관만이 있을 때도 있으나, 그것만으로는 부족하다. 관하는 것도 관해지는 것도 그것으로 있지도 않고 없지도 않은 줄 알아야 한다. 이를 지혜라고 한다. 끄달리지 않는 마음 씀이다. 아는 것에서는 지식이나 지혜가 다름없지만, 끄달리는가 끄달리지 않는가에서 달라진다. 이 또한 같지만 같지도 않고, 다르지만 다르지 않은 현상이다. 관과 혜가 함께해야 한다. 관을 밑거름으로 해석 내용이 바뀌어 갈 때 없음에도 있음에도 끄달리지 않는 힘이 생긴다. 해석으로만 보면 과거에 끄달리며 영상에 끄달리고 있으나, 관을 통해 그것이 영상인 줄 알아차린다면 임시방편에 속지 않을 수 있는 힘이.

그렇다고 해도, 곧 삶의 흐름인 시절인연만을 놓고 보면 그렇고 그런 것 같겠지만, 그 내용으로 보면 중생계가 불세계로 변한 것과 같다. 입만 열면 어긋난 소리를 자기도 모르게 내뱉던 상황을 넘어 침묵으로 말하는 상황을 연출할 수 있게 된 것이다. 말과 생각이 인연의 흐름을 온전히 포착할 수 없다는 것을 알았다는 것은 말과 생각이 환상 가운데 환상이라는 것을 온몸으로 체득했다는 것이다. 그러하긴 해도 그 많은 『선어록』이 지금까지 전해지고 있다는 것은 말과 생각의 효용은 어떤 말과 생각으로도 다 드러낼 수 없다는 것을 뜻하는 역설이 아니겠는가. 마음 하나가 중생계도 연출하고 불세계도 연출하듯, 마음의 도구라고 할 수 있는 지해가 달을 가리키는 연출을 해야 지해가 지혜로 작용하지 않을까. 과거와 미래를 지향하는 특성이 강한 마음 씀을 지해라고 한다면, 지금 여기를 살아 있게 하는 특성이 강한 마음 씀은 지혜가 아닐까. 지해나 지혜 모두 과거·현재·미래를 관통하는

왜 깨달음은 늘 한박자 늦을까

지향성을 갖고 있지만, 그 특성을 굳이 나눠 보면 그렇다는 것이다. 하여 지해가 지혜를 가리키기도 하지만 지혜가 지해를 빛나게도 한다. 무심으로 보면 무심조차 관조해야 할 것이 아니지만, 그곳에서 온갖 유심이 출현하는 것을 보면 관조는 늘 유심에서 무심으로 흐르는 지향성을 갖는 것이면서 스스로 관조의 경향성을 넘어서는 특성이 있다. 하여 심법을 요달하면, 곧 일체가 마음임을 요달하면 마음을 찾기 위해 애쓸 필요가 없다.

14. 일 없으니 그냥 돌아가라

스스로에게 '너는 무엇을 할 수 있는가'를 물었다면, 그것은 할 수 있는 일의 색깔로 자신을 규정하는 일이다. 더구나 그 일이 외부가 원하는 능력이라면 잘하는 일에서조차 자신이 소외되는 현상을 강화하는 것이 되고 만다. 그렇게 되면 늘 잘한다고 해도 자신이 건립한 자신의 세계에서 정작 자신이 없어지는 것과 같다. 이는 삶에서 자신을 소외시키는 일이다. 그래서 늘 부족하다. 갈증이 그칠 날이 없다. 이런저런 일로 자신을 증명하지만, 어느 사이에 밀려오는 뒷 물에 의해 원하지 않아도 앞 물이 될 수밖에 없지 않는가. 이젠 흐름 밖에 있는 듯한 낯선 모습이 안쓰럽다. 다시 필요한 사람이 되고자 하지만 회고하는 것 말고는 다른 일이 주어지지도 않는 것을 애써 변호해 보려 해도 메아리 없는 외침이다.

　할 수 있는 일과 그것에 대한 보상이 자신을 증명하는

흐름은 늘 회색을 덧칠하면서 밤의 야경으로 회색을 감추려드는 것과 같다. 존재가 존재 그 자체로서 존중받지 못하고 서로가 서로에 대해 과대 또는 과소 평가되면서 어떤 평가도 있는 그대로를 드러내지 못하니, 실제로는 누구라도 과소 평가된 사회를 만들기 바쁠 뿐이다. 스스로 건립한 세계에서 무엇을 빼고 싶은가, 아니면 무엇을 더하고 싶은가. 빼고 더할 수가 있기는 할까. 돌이켜 보면 그렇게 하려고 하지 않는 사람이 없다고 할 수 있을 만큼 가열차게 노력에 노력을 배가하고 있지만, 늘 부족하다. 구하는 일을 하는 것이 가상한 것 같기는 하지만, 부족한 자기를 만드는 지름길은 아닐는지. 참으로 딱하다. 쌓이고 쌓인 지해에 다시 지해를 구해 온갖 일을 하고 있지만 종국에는 관의 크기만 한 땅만이, 그것도 혼자 차지할 수도 없는 땅만이 자신의 땅으로 남을 수밖에 없는 사실이.

하여 황벽 스님은 '수많은 지해가 있다고 해도, 그것은 구하는 마음이 없는 것만 못하다'라고 이야기하고 있다. 사실 누구라도 그렇게 살고 싶지 않을까. 이 일이 어려운 것은 '구하는 세계'를 건립하는 것도 뭇 생명이 함께했듯, '구함 없는 세계'를 건립하는 것도 뭇 생명과 함께해야 하기 때문이다. 생명은 낱낱으로 제 삶을 살지만, 그 삶으로 생명계의 일원이 되면서 생명계의 색깔을 함께 만든다는 것이다. 이 일은 누구라도 안다. 어떤 분이 도림 선사에게 '부처님의 가르침은 무엇입니까?'라고 묻자, 선사께서 '착한 일은 하고 나쁜 일은 하지 않는 것입니다'라고 대답했다. 그러자 이 대답을 들은 이는 '그것은 세 살 어린이도 알 수 있는 일이 아닙니까'라는 물음으로, 어이없는 심정을 드러냈다. 하자 선사께서 '세 살 어린아이도 알지만 팔십 어른들도 하기 어렵지요'라고 말씀드렸다.

앎과 함의 일치가 이렇다. 구하지 않으면 그만이다. 그러나 실제로는 구하지 않는 것과 정신승리를 하는 것은 다르다. 그렇지만 구하는 세계에서는 누구라도 정신승리법으로 살고 있다. 구해진 것이 얼마 동안 그대를 들뜨게 했는가를 보라. 그 순간을 지나고 나면 그와 같은 증상이 없는데도 자랑거리로 그 증상을 대신하면서 정신승리법을 이어 가지 않는가. 어쩌면 잃을까를 염려하면서 불안을 잠재우고 있지는 않은지. 이런 일을 하고 있는 마음을 분별하는 마음이라고 한다. 구하는 마음의 뒷배가 분별하는 마음이다. 이 마음이 열심히 일을 하는 게 문제다. 아픈 마음과 왜소한 자아상을 키우는 마음인데도 쉽 없이 일을 한다.

그럼에도 불구하고 이 마음을 탓해서는 안 된다. 그 마

왜 깨달음은 늘 한박자 늦을까

음 덕분에 그럭저럭 살아왔지 않는가. 해서 조심스럽게 그 마음을 인정하면서 마음 흐름을 들여다보는 일을 해야 한다. 그 마음만을 따르려 하지도 말고 그 마음의 노고를 인정해주면서 가만히 지켜보는 일이다. 그러다 보면 이전까지 경험하지 못한 일이 일어날 때가 있다. 온전히 하나 되는 것 등이다. 보는 자와 보이는 것이 하나 되면 앎만으로 가득한 하나의 세계가 펼쳐진다. 구할 일이 없는 세계다. 그것으로 온전히 자신이 된 것이다. 구할 것이 따로 없는 세계에 대한 경험이다. 이와 같은 경험을 분별없는 마음이 현상한 세계라고 한다. 분별의 세계를 잘 살아갈 수 있는 경험이 되기도 한다. 무분별에 대한 경험을 바탕으로 한 분별을 선분별이라 부르는 까닭도 여기에 있다. 무분별과 선분별로 사는 분들을 일 없는 사람이라고 한다. 이런 분들은 사람을 '무엇을 할 수 있는가'로 차별하여 평가하거나 수단으로 여기지 않는다. 환상 가치인 분별에 끄달리지 않는 앎과 함이 일치된 사람이기에. 이런 마음을 일러 순일하여 잡됨이 없다고 한다. 순일하다는 것은 온갖 일을 하지만 언제나 사람 그 자체를 존중한다는 측면에서는 항상 같다는 뜻이다. 어떤 말과 함만이 도를 대표하지 않음을 알기에 가능한 일이다. 하여 황벽 스님은 '설명해야 할 도리도 없다'고 하신다. 온전히 함께하는데, 어떤 것만이 도리가 되겠는가. 세울 도리가 없어야 일마다 도리가 되지 않겠는가.

그러므로 도리를 찾는 일이 도리를 등지는 일이 되고 만다. 슬픈 일이다. 각자가 세운 도리가 진정한 도리라는 분별 속에 고양이가 죽어난 것이. 선원에서 다친 고양이를 두고 동당과 서당이 나뉘어 서로를 탓하는 상황이 벌어졌을 때, 황벽 스님의 사숙이신 남전 스님께서 고양이를 치켜들고 '무엇이든 한마디 한다면 고양이를 살려 주겠지만, 그렇지 못하면 베어 버리겠다' 선언했지만, 아무도 입을 떼지 못했다. 불쌍한 고양이가 옳고 그름을 다투는 현장에서 눈을 부릅뜨고서 무심에는 한 걸음도 미치지 못한 이들을 탓하기도 전에, 무슨 까닭인지도 모르고 한 생을 마감하고 말았겠지. 그날 저녁 외출에서 돌아온 조주 스님, 스승 남전 스님으로부터 전말을 듣고서는 신발을 머리에 이고 나가 버렸다. 남전 스님의 한탄을 뒤로한 채로. '그대가 그때 거기에 있었다면 고양이가 살 수 있었을 텐데'라는 한탄을 고양이의 넋은 들었을까. 머물지 않는 인연이 일을 만들지만, 그 일에도 눈 한번 주지 않는 인연, 여기에 무슨 말을 보탤 수 있을까. 일의 보편성으로 인연을 규정하는 것은 모두가 허공에 그리는 그림 신세를 벗어나지 못하는데. 그런데도 동당 스님들과 서당 스님

왜 깨달음은 늘 한박자 늦을까

들의 도리 다툼이 도를 닦는다는 도량에서도 끊이지 않는다. 시비를 다투는 곳에서 무심을 이야기하지 않는 것만도 감사한 일인가. '일 없으니 그만 돌아가라'는 황벽 스님의 말씀이 무심도 무심이 아니라는 것을 말해 주는 자비라고 할 수 있겠지.

15. 원함이 없으면 속을 일도 없다

현상만으로 보면 하루에도 오만 가지 '나'가 생겨났다 사라진다. 그것들을 '나'가 아니라 그림자라고 이야기하기도 한다. 생겨난 '나' 가운데 마음에 드는 나도 있고 결코 마주치고 싶지 않은 나도 있다. 해도 어쩔 수 없다. 그런 현상이 의식되는 것이기는 해도 그 현상을 만드는 것은 의식이 하는 일이라기보다는 체화되어 있는 무위적인 생명 활동의 결과이니. 이 가운데는 의식적인 유위의 노력에 의해 체화된 무위적인 현상도 많다. 해서 '한마디 일러 보라'는 말을 듣는 순간 이미 '해야 할까 말아야 할까', '어떤 말을 해야 이 상황에 맞는 말일까'라는 채널이 움직이기 시작한다. 시비를 가르는 마음이 앞선 것이다. 그래야 혼이 나지 않을 확률이 높다는 것을 무수히 경험한 대가다. 분명하게 상대의 의도를 파악하지 못하면 분별하는 마음도 얼어붙는다. 이 또한 무위적으로 그렇게

왜 깨달음은 늘 한박자 늦을까

한다. 이와 같은 생각 길이 작동하는 곳을 세속이라 한다. 주어진 답을 찾는 일을 하는 곳이다. 찾지 못하면 가만있는 것이 중간이라도 간다는 것도 안다. 해서 배휴가 '세속제란 무엇입니까?'라고 묻자, 황벽 스님은 '갈등을 설해 무엇하겠는가'라고 답할 수밖에 없었으리라.

봄이 오면 일들이 봄이 된다. 누가 시켜서 그렇게 하는 것이 아니다. 그냥 그렇게 한다. 이것이 무위다. 사람에게는 제 얼굴과 이름과 무엇 등을 세우는 일을 하고자 하는 무위가 장착되어 있다. 시비를 다투고 명예를 다투며 재산을 다투기 위해 이런저런 생각을 유위로 하는 것 같지만, 실제로는 그 생각 길이 무위적으로 열린다. 세속은 무위도 유위고, 유위도 유위다. 제 살을 깎아 먹는 일을 하면서도 그것이 그것인 줄 알 수 없는 일을 자연스럽게 한다.

그러면서 다 그렇게 사는 것이 아니냐고 한다. 아파하면서. 본래 청정하다는 말은 귓등으로도 듣지 않는다. 다들 제 몫에 맞는 병 속에 든 새 꼴이다. 하여 황벽 스님께서 '배휴! 그대는 어디 있는가?'라는 물음으로 없는 병 속에 갇힌 배휴를 꺼낼 수 있었다. 본래 청정하지 않다면 어떻게 빠져나올 수 있겠는가. 이미 그렇게 있었다. 헛된 언설에 놀아나지만 않았다면. 그런데도 배휴는 묻는다. 세속제가 무엇이냐고.

배휴의 자비다. 황벽 스님의 무위법문을 드러내고자 하는 자비만큼 큰 것이 없다는 것을 안 것이다. 그래서 혼나도 싼 것이 아니다. 비싼 혼남이다.

'어찌 헛된 언설로서 묻거나 대답하겠는가?'라는 말씀은 청정 본연의 모습과 상대되는 곳을 가리키는 것이 아니다. 무심은 말할 것도 없고 유심 세계도 청정하므로. 이때의 유심 세계를 번뇌 없는 지혜가 작용하는 세계라고 한다. 흐름을 머물게 하는 것과 같은 언어의 세계를 실상에 앞서지 않게 쓸 수 있는 전복하는 기술이 무위로 작용할 때 유심도 불 세계가 된다. 이를 집착 없는 세계라고 한다. 사실 집착이 문제가 되는 것은 집착하는 마음은 있지만, 그 마음 또한 환상을 잡고 있는 것에 지나지 않기 때문이다. 허공을 움켜쥔다고 허공을 가질 수 있겠는가. 그런데도 이미 지나간 물로 발을 씻으려고 하니, 언제쯤 씻을 수 있을까. 그냥 흐르는 물로 씻으면 될 것을.

과거를 붙잡고 미래를 그리는 마음이 평상심이고 이 마음 밖에 또 다른 불심이 없지만 제 마음을 갖고 마음을 찾는 일을 쉬지 못하니, 바쁘기만 하다. 평안하고자 하는 마음이 본래 청정한 세계를 본래 바쁜 세계로 내몬다. 이 또한 마음이 만든 세계다. 청정한 세계와 바쁜 세계가 있는 것이 아니다.

마음을 쉬면 청정한 세계가 건립되고 집착하면 바쁜 세계가 건립된다. 하니 평안하기 위해 바삐 사는 노력이 바른 노력인가를 물어야 하지 않겠는가.

본래 청정하기에 지혜의 작용이 아닌 것이 없다는 것은 집착하는 순간 번뇌의 작용이 아닌 것이 없다는 말과 같다. 청정과 번뇌가 섞여 있는 것 같지만, 오직 하나의 마음인지라 섞여 있을 수 없다. 하나의 마음은 한 가지 색깔이다. 청정하거나 청정하지 않거나, 지혜의 작용이거나 번뇌의 작용이거나. 지혜의 마음과 번뇌의 마음이 다른 것이 아니다. 현상으로 보면 하늘과 땅만큼 차이가 있지만, 오직 하나의 마음이다. 하여 번뇌가 보리도 되지만 보리가 번뇌도 된다. 보리가 번뇌로 작용하는 것이 중생인 부처고, 번뇌가 보리로 작용하는 것이 부처인 중생이다. 그것을 가름하는 것이 깨달음이다. 깨닫고 나면 다시는 보리가 번뇌로 작용할 수 없다. 하고 싶어도 되지 않는다. 하여 깨달음이 없으면 부처인 중생은 없는 것과 같고, 깨닫고 나면 중생인 부처가 없어진 것과 같다. 작용마다 중생의 세계이거나 부처의 세계가 펼쳐질 뿐, 반쯤 중생이고 반쯤 부처인 세계는 없다. 구하는 마음이 중생 세계를 만들고 구하지 않으면 이미 충만한 불세계를 산다. 마음이 세계를 펼쳐낸다는 것을 모르면 마음 밖을 향해 달리고 달리나, 그 모습은 찾는 것을 손에 쥐고서 찾으려 애쓰는 것과 같으니 아는 사람의 눈으로 보면 안쓰럽기가 한이 없다.

무심은 마음을 깨달음으로 습관 들이는 것이 아니다. 학습으로 익혀지는 것들은 현상하는 그림자. 하니 선을 배우고 익힌다는 것은 그림자로 어림짐작하려 하는 짓에 지나지 않는다. 배울수록 무심과는 멀어진다. 애달프지 않은가, 도를 구하는 이들의 안쓰러운 정진이. 도를 구하는 일이 도를 탐하는 일이 되는 역설이.

활활 타오르는 구하는 마음이 다 타고 나서 재가 될 때쯤 구할 필요가 없었다는 것을 알 수도 있으니, 멈추지 않는 정진이 필요하다고 해야 할까. 날마다 경험하지 않는가, 원함이 없으면 속을 일도 없다는 것을. 향하는 발걸음이 자유롭다는 것을. 하여 중생의 세계는 원하는 것을 얻게 해주겠다는 유혹의 말들이 난무하겠지. 서로가 서로의 발길을 묶어 자유롭지 못한 걸음걸이로 결코 채워질 수 없는 마음의 늪을 향해 가면서 채워지지 못한 것에 대한 아픔으로 괴로운 일상을 주고받는 유혹이. 의도하지는 않았겠지만, 하루하루를 염라대왕에게 바치는 것과 같은 일상. 염라대왕도 자신이 만들었으니 속이려야 속일 수가 없어 구도의 노력을 아픔이라는

왜 깨달음은 늘 한박자 늦을까

삯으로 대신할 수밖에 없겠지. 이는 마음 한번 돌리면 사라지고 말 환상에 청정한 마음을 바친 결과가 아닐까.

해서 아낌없이 주는 일도 제대로 해야 한다. 만법이 본래 없기에. 하니 돌아갈 곳을 찾는 일도, 불성 운운하는 것도 다 잠꼬대에 지나지 않는다. 만법이 그대로 돌아갈 곳이라 하거나 그 모습 그대로가 불성이 현현할 것이라 해도 천리만리 어긋난 일이니, 있음에도 걸리지 않고 없음에도 걸리지 않으면서 머묾 없는 인연의 발걸음을 빛 삼아 힘들이지 않고 걸으면 될 것 같기도 하다. 아는 마음이 빛 되어 그대를 인도하지 않는가. 법이라고도 할 수 없는 마음의 빛이 그림자를 만들지 않을 때, 비추려 애쓰지 않아도 언제나처럼 드러나는 지혜 광명이 매임 없는 인연의 길을 비출 때 힘들이지 않고 걷는 걸음걸이가 부처의 행이 될지니. 오직 내려놓는 일만 필요하다, 집착을. 애써 집착하려는 것들은 애쓴 만큼 아픔을 베푸니 어이없기는 이것만 한 것도 없다. 집착하지 않는다면 애쓰지 않았는데도 하는 일마다 부처의 일이 펼쳐진다. 힘을 덜었는데도 불구하고 부처의 행이 아닌 것이 없으니 신비하고도 신비한 일이다.

이것이 청정법신의 삶이며, 더할 나위 없는 깨달음이다. 누구라도 자신의 삶 그 자체가 더할 나위 없는 삶이다. 그 삶을 규정하는 온갖 언사는 누구의 뜻에 따라 만들어졌을까. 한 번도 그렇게 생각하지 않았는데도 어느 틈에 그런 삶으로 규정된 삶을 살게 된 이들이 대부분이다. 그리고 그렇게 된 것은 노력 등이 부족했다고 말하거나 생각하기 쉽다. 허나 삶은 그렇게 규정된 것으로 영위되는 것이 아니다. 생명의 전 역사가 그렇게 하나하나의 삶을 살아내게 한다. 누구라도 그렇다. 이는 결코 지금 여기서 배우고 익혀진 길이 아니다. 규정된 언어와 생각을 내려놓는 연습이 필요한 까닭도 여기에 있다. 연습하는 것으로 보면 익히고 배우는 것이나, 내용으로 보면 잘못 익혀진 생각 길을 버리고 인연과 함께하는 무위로 걷는 것과 같으므로 배워 익힌다고 할 수도 없다. 그럼에도 불구하고 부를 위해 쥐어짜는 기술 배우기를 쉴 수조차 없다. 쥐어짜는 이조차 결코 자유롭지 못할 학습을 뒤따르는 이들이 배운다고 해서 자유롭게 될 수 있을까. 해서 불교에서는 그 길을 잘못된 길이라고 한다.

그 길은 형상과 이념으로 부처를 치장하는 일이다. 치장된 것에 부처가 가려지고 말 것인데, 그것이 어찌 무심으로 인연로를 걷는 일이 될 수 있겠는가. 오직 무심인 줄 알아야 한다. 그렇지 못하고 이런저런 유심으로 부처의 길을 걷고자 하는 것은 매일매일 덫을 설치하면서 덫에 빠지지 않기를 바라는 것과 같다. 어찌 덫에 걸리지 않을 수 있겠는가. 마음 씀 하나하나가 부처를 구하는 일을 하고 있는데. 이미 마음 밖에 부처가 있는 듯이 마음을 쓰고 있는데. 다가가는 만큼 멀어지는 치장된 부처는 손만 뻗으면 잡을 것 같지만, 닿을 듯 말 듯 한 곳에서 조바심을 벗 삼아 그렇게 마군이 되어 간다.

슬프다. 스스로 마군을 만들었으면서도 마군에게 끌려가는 마음 씀이. 성인의 마음을 찾으면서 제 마음을 잃고, 제 마음이 만든 마군을 성인의 지표로 삼는 아픔이.

하여, 지공指空 스님께서 '만들어진 그림자 마음에 현혹되지 않으면 마음 그 자체가 곧 부처인 줄 알 텐데, 어찌 문자 속에서 부처를 구하려 하는가? 익혀진 마음 법에 따른 갖가지 차별은 범인의 마음과 성인의 마음을 차별 짓는 것에서 출발한 것에 지나지 않는다'라고 하셨던 말씀을 군이 인용해본다. 말로서 말의 의미 속으로 빠지는 마음을 마음 그 자체로 되돌려 보려는 자비지만 애쓴 만큼 메아리가 있을지는 의문이다. 해도, 어느 것 하나도 두 찰나를 이어 같은 상태로 있을 수 없는 무상한 흐름, 곧 생겨나고 소멸하는 것과 같은 현상들이 어느 날 '머물지 마세요. 결코 머물 수 없어요'라는 가르침을 펼치고 있는 것을 보게 되지 않을까. 현상들을 좇고 좇다 지쳐갈 때쯤 할 수 없이 현상들이 놓아지면 어느 틈에 애써 잡으려 하는 마음도 쉬게 되면서 시비 등으로 사건과 만나는 마음, 비교하고 분별하는 유위의 마음이 곧바로 무심인 여래가 될 것이기에. 누군가가 부처라고 말하는 순간 말하는 이나 듣는 이 모두 부처라는 이미지로 하나 되는 지금 여기가 현상한다고 할 수 있듯. 설사 그 의미가 중생과 상대되는 부처라는 것으로 들린다고 하더라도, 유심이 쉬게 되면 곧바로 무심의 여래 세계가 펼쳐진다. 실상에서 보면 유심도 무심도 모두 무위로 펼쳐진다. 어느 한쪽만을 지향하면 중생심이 무위로 펼쳐지고, 시비를 떠나면 여래심이 무위로 펼쳐진다.

한쪽은 아픔을 만들어 괴로워하고 한쪽은 아픔은 있지만 괴로워하지 않는 마음이 무위로 펼쳐진다. 아픔 밖에 또 다른 무위의 실상이 없으나, 그것과 어떻게 만나느냐가 중생인 부처와 부처인 중생을 가른다. 하여, 무심해지는 순간 곧바로 여래의 세계가 펼쳐진다고 한다. 중생심이든 여래심이든 한가지 마음이기에.

중생심이 여래심으로 바뀌는 것 같지만 실제로는 바뀐 것이 없다. 바뀌는 것이 없지만 이것을 알기 위해서는 방편을 익혀야 한다. 허나 잘못 익히면 방편이 독약이 되기도 한다. 어쩌면 한 사람 건너는 순간 이미 독약으로 변한 것은 아

왜 깨달음은 늘 한박자 늦을까

닐는지. 여기저기서 왜곡된 뜻으로 자신의 신념을 최고라고 하고 있으나, 신념은 있지만 삶을 존중하지 않는 변질된 신념이 신념의 최고봉임을 자처하지 않는가. 하여 지공 스님께서 '눈 밝은 스승을 만나지 못하면 대승의 법약을 잘못 복용하게 된다'고 말씀하셨다. 유심으로밖에 만날 수 없는 가르침은 전해지는 약에 새로운 시료를 첨가하는 것과 같아 듣는 순간 이미 다른 약이 되고 만다.

오직 무심해져야 한다. 그러기 위해서는 올라오는 유심에 시비를 걸지 않는 것이 첫째다. 새로운 시료를 첨가하지 않는 연습이다. 그래야 있는 그대로 보게 되며, 있는 그대로 보게 되어야 병을 알 수 있다. 병을 알아야 다스릴 수 있지 않겠는가. 스스로 갖고 있는 유심의 시료가 오염된 경우가 많기 때문이다. 아는 것이 병이 되기도 하므로, 그렇게 알고 있는 것이 정말 그것인지 살피지 않는다면 병만 깊어진다. 앉고 서고 가고 머무르는 모든 것에서 그저 그렇게 하는 연습이 실제로는 일어나고 사라지는 마음 현상들을 있는 그대로 보게 하는 지름길이다. 무심의 실상이 이렇지만 누구라도 그렇게 하기 어렵다.

분별하고 차별한 연습이 오래되고 깊다 보니 보이는 세계는 그것밖에 없다. 모든 차별이 떠난 오롯한 한 세계를 살아보지 못했기에 그와 같은 세계는 없는 것과 같다. 그러나 세계의 실상은 그렇지 않다. 분별하면 분별된 세상만을 만나듯 분별을 떠나면 분별없는 세상을 만난다. 두 세계 나아가 수많은 세계가 분별되는 일상만큼 분명한 세계다. 어떤 것만이 세계의 실상이 아니다. 하나인데도 여러 세계가 있는 듯하고 여러 세계가 하나의 세계를 만드는 것 같기도 하다. 각각의 세계는 만나는 순간 실제의 세계가 되므로 있는 세계를 만나는 것 같아도, 마음 하나가 어떻게 작용하느냐에 따라 다양한 세계가 펼쳐지는 것이다. 일상의식의 세계만큼 선정의식의 세계도 실제다. 유심의 세계만큼 무심의 세계도 실제다. 머무르는 실제가 아니라 인연망의 울림만큼 다양해지는 세계다. 한 세계가 변한다고 해도 맞지 않고 다양한 세계가 인연 따라 나타난다고 해도 맞지 않다. 만법이 없듯 다양한 세계도 실재하지 않는다. 그러나 절대무가 아니다. 사건들의 공성이 세계의 공성이다. 무에도 머물지 않고 유에도 머물지 않기에 절대로서의 존재성은 언어분별상으로 만들어진 세계다. 이를 환상 가운데 환상이라고 한다. 분별의식만을 경험하다 보면 무분별의 세계가 분별 세계만큼 분명하다는 것을 알 수 없기에, 환상을 실재시하면서 많은 세계를 잃고 사는 결과가 집착이다. 해서 곧바로 무심세계를 경험하기가 어

왜 깨달음은 늘 한박자 늦을까

렵다. 너무나 분명하기에 그것이 환상인 줄 알기 위해서는 홀연히 접하게 되는 무심세계에 대한 경험이 필요하다. 허나 그와 같은 경험은 문자반야만으로는 부족하다. 부처로서의 중생이라는 앎을 생각 생각으로 이어 가는 연습이 필요하다.

이와 같은 연습이 유심부처를 그리는 것에 지나지 않는다고 해도 어쩔 수 없다. 어느 날 그 마음을 내려놓을 때까지는. 무심은 배워서 되는 것은 아니지만 무심해지는 연습이 유심을 무심으로 이끌기도 하므로. 무심불법은 연습한 결과로 만들어지는 세계가 아니기에 배우고 익힌다고 뜻이 성립되지 않지만 무심을 닦아가는 연습이 유심을 이끌어가는 이정표 정도는 된다. 그런 과정에서 유심에도 관점이동이 일어난다. 하나의 세계가 탄생하는 순간이다.

지금까지 보지 못했던 세계는 무심의 세계만이 아니다. 이동하는 관점 따라 새로운 세계가 탄생한다는 것은 하나의 관점으로 세계를 규정할 수 없다는 말이다. 선정의식 가운데 눈으로만 세계를 보는 것이 아니라는 것을 알게 하는 현상이 내부에서 생성되는 것을 직관한 경험이 유심 세계에서의 관점이동이 필요한 이유를 말해 준다. 마음 세계를 이끌어 가는 이정표가 수시로 변한 것과 같은 일이 일어났기에. 방편은 그런 것이다. 처음에는 유심의 관점에 상응하는 이정표를 제시해 마음을 끌어가는 것 같지만, 가다 보면 이정표를 보는 마음이 바뀐다. 세계가, 관점만큼 많은 세계가 새로운 이정표를 세우면서 현상한다. 하나의 관점마다 하나의 세계가 건립되고 사라지는 것과 같으니 어찌 절대의 세계가 있을 수 있겠는가. 때로는 경계를 나누면서 이야기할 수 있는 비교 가능한 분별 세상이 사라지기도 한다. 하나라고도 할 수 없는 세계다. 이 또한 지나고 보면 하나의 세계인 줄 알게 된다. 분별된 세계도 그것으로 존재하지 않고 하나 된 세계도 그것으로 존재하는 것이 아니다.

현상하지만 현상된 것들을 그것 되게 하는 본질은 없다. 함께하면서도 낱낱이다. 어느 것 하나 다른 낱낱과 온전히 분별될 수 없다. 일상의식만을 놓고 보면 낱낱은 관계를 떠나 낱낱 그것으로 존재하는 것 같지만, 선정의식으로 경험하는 다양한 세계에서 보면 낱낱이 오직 그 하나로 온전히 전존재가 되는 경험을 하기도 하므로, 하나이지만 전존재인 것 같고 전존재인 것 같지만 낱낱으로 나뉘기도 한다. 어느 쪽이든 마음이다. 이 모두가 마음이 현상하는 세계다. 그렇다고 해서 마음이 본질도 아니다.

현상한 그것 자체가 마음이므로 본체와 현상 관계로 마음과 마음이 만든 것을 나눌 수 없다. 현상 없는 마음도 없고 마음 없는 현상도 없다. 오직 하나다. 이를 경에서는 '수행으로 얻어야 할 어떤 법도 없다. 이것을 아는 것이 궁극의 깨달음이다'라고 이야기한다. 중생심을 떠나 불심이 따로 없으니, 불심을 얻었다고 말한다면 그것은 마군의 도가 되고 만다. 불심이 마군의 권속이 되는 순간이다. 오직 마음이나, 마음 또한 본체로서의 마음이 아니다. 불심으로서의 마음도 따로 없거늘 얻을 것이 어디 있겠는가.

본래 청정하므로 번뇌도 그대로 드러나고 열반도 그대로 드러나니, 미혹도 없고 깨달음도 없다. 그렇기에 번뇌의 미혹을 떨쳐내 열반의 깨달음을 드러내고자 하는 일이 무심에서 보면 헛수고다. 현상을 따라 마음을 얻고자 하거나 알고자 하는 일들이 부질없다는 것을 사무치게 느끼고 알아야 한다. 그래야만 일주문, 곧 불세계에 들어가는 문 앞에 당도하게 된다.

들어가 보면 더욱 놀랍다. 중생세간을 넘어서면 불세계가 도래하리라 여겼는데 들어선 순간 중생세간은 물론이고 불세계도 없어진다. 중생도 없고 부처도 없는 세계다. 중생도 물거품이지만 부처도 물거품과 같거늘 어떤 세계인들 물거품이 아니겠는가. 일체가 본래 청정한 마음이 만드는 그림자 진실이다. 오직 마음 하나만이라고 해도 맞지 않지만 머묾 없이 온갖 물거품을 만들고 있는 마음만이 진실인 것 같기도 하다. 헌데 그 마음을 서술하면서 '없다'고 했다. 마음도 마음만으로 마음이 되지 못하니, 일체가 하나의 마음이 펼치고 있는 물거품으로 함께한다는 것은 또 무슨 말인가. 본래 청정한 법신으로 보면 아닌 것이 없는데. 부처도 조사도 그대의 마음도 같지 않고 다르지도 않지만, 어느 마음도 부족한 것은 없다. 하니, 숨이라도 편히 쉬려거든 구하고자 하는 헐떡거림을 멈출 수밖에

16. 그렇고 그럴 뿐이다

혜능 시대의 대부분의 사람들은 글을 읽거나 쓰지 못했을 것이다. 혜능 스님이 문맹이었다는 것이 특별한 일이 아니었다는 뜻이다. 그가 도를 깨달았다는 것은 어쩌면 글과 도의 관계가 어떤 것인가를 상징한 것은 아닐까. 배휴가 다시 이 문제를 들고나왔다. '경서를 읽지 못하는 혜능 스님은 조사의 깨달음을 상징하는 법의를 전수받아 육조가 되었는데, 온갖 경서에 능통한 신수 스님은 왜 법의를 전수받지 못했는가?' 라는 물음이 그것이다. 그냥 오물을 뒤집어쓴 것이다. 경서가 곧 도가 아님을 몰랐다고 하면 말이 되지 않지 않는가. 배휴의 처지에서.

황벽 스님도 함께 오물을 뒤집어쓴다. 실제로 중생심이 곧 부처며 도이니 오물을 뒤집어쓰는 중생심밖에 달리 도가 있는 것도 아니므로. 없는 경계를 넘나들면서 중생심일 때는 불심이 밖에 있는 것 같고 불심일 때는 중생심이 없는 것 같지만, 어느 마음도 그것으로서의 실체가 없으니 황벽 스님의 선심禪心 또한 그렇다는 말이다. 육조 스님께서도 말씀하시지 않았는가, 선의 마음은 머묾 없음을 근본으로 한다고.

사실 이 이야기는 육조 스님의 이야기도 아니다. 『금강경』에서 '반야 지혜를 쓴다는 것은 어느 것에도 머물지 않는 마음을 쓴다는 것이다'라고 이미 이야기했다. 육조 스님께서도 이 부분을 듣고 머물지 않는 마음 씀이 곧 불심인 줄 사무치게 체득하게 됐고, 그 길로 오조 홍인 스님을 찾아가, '본래부터 한 물건도 없거늘'이라는 게송으로 인가받게 된 일이 이 일을 증명하고 있다. 분별심으로 보면 낱낱은 그것이게 하는 실체가 있는 것 같으나, 조금 세심히 살펴보면 어떤 것도 다른 것과의 관계 없이 홀로 그것일 수 없다는 것을 알 수 있다. 선정의식이 빛을 발할 수 있는 것은 분별심이 쉬게 되면 무분별심으로 하나 된 세계를 경험할 수 있기 때문이라고 할 수 있는데, 관계망으로 보면 무분별심의 세계가 드러나지 않는 것이 오히려 이상하다.

마음을 닦는다는 것은 분별심이 작용하지 않는 심리상태를 연마하는 기술이라고는 할 수 있으나, 그 연습에 의해 무분별심이 만들어지는 것이 아니기 때문이다. 그런데도 신

수 스님의 생각에는 마음을 닦아 무분별심을 증득하려는 마음이 남아 있었다. 부지런히 갈고 닦아야 청정한 마음이 드러난다고 본 것이다.

그 마음은 본래 청정한 마음이라는 뜻과도 어긋나며, 중생심과 불심이 다르다는 것을 전제한다. 그렇게 되면 평상심이 도일 수 없다. 선종에서 이심전심으로 전해졌다고 할 수 있는 머묾 없는 마음에 대한 이야기를 들어봐도 그렇다. '이미 머묾 없는 마음이기에 마음이라고 이야기해도 마음일 수 없으며, 유심에도 머물지 않으나 무심에도 머물지 않기에 머물지 않는 마음은 마음이라고도 이름할 수 없다. 이와 같은 마음 법을 그대에게 이야기한다고 해서 그대 마음에 무엇을 더하거나 빼는 것도 아니다'라는 이야기가 그것이다. 이것이 이심전심의 비법이며 본래부터 한 물건도 없다는 뜻이다. 해서 선종에서는 선정의식 가운데 경험한 이런저런 것들을 가지고 마음을 봤다고 하거나, 그와 같은 경험을 실재시하는 것을 천마의 농간에 놀아났다고 이야기한다.

어떤 것을 더하거나 뺄 것이 없다는 것을 잊으면 선 수행자가 아니다. 이는 구하고자 하는 마음이며, 있는 자리에서 부처인 중생이 중생인 부처가 되는 일이다. 비유하자면 돈으로 물건을 사지만 돈이 곧 그 물건이 아닌 것과 같다. 누구라도 이 사실을 안다. 해도 그 속내를 들여다보면 돈으로 행복이라는 물건을 사려는 일을 쉬지 않는다. 돌이켜 보면 그렇게 살지 않기도 힘들다. 쌓인 것의 무게만큼 삶의 가치가 증대한다는 듯이 누구라도 자신의 몸과 마음을 쥐어짜서 돈이라는 성을 쌓고 있으니. 자발적으로 그렇게 하기도 하고, 자발적으로 그렇게 하고 있는 듯이 여기게끔 해서 누구라도 쥐어짜는 덫으로부터 벗어날 수 없는 듯하기도 하다. 쌓여도 힘들고 쌓이지 않으면 더 힘들다. 혜가 스님이 달마 스님을 만나 나눴던 이야기가 이를 잘 보여 준다. '마음이 괴롭다'고 하는 혜가 스님더러 '괴로운 마음을 가져오면 괴로움을 해소시켜 주겠다'고 한 달마 스님의 제안 말이다.

이 제안을 받고 이리저리 괴로운 마음을 찾아봤지만 찾을 수 없어 '찾을 수 없습니다'라고 풀지 못한 숙제를 들이밀자, 달마 스님께서 '이미 그대의 괴로움을 해소했네'라고 말했는데, 이 말을 들은 혜가 스님은 괴로운 마음이 눈 녹듯 녹아났다는 전설 같은 이야기다.

출가는 이렇게 시작된다. 따지고 보면 시비선악을 잘 판단하는 일이 다른 무엇보다 중요한 것 같지만 여기서 벗어나지 못하는 한 좋아하려는 탐욕과 싫어하려는 분노의 덫으로부터 자유롭기 어렵다. 당연히 분별하고 판단해야겠지만 세

왜 깨달음은 늘 한박자 늦을까

계는 그것만으로 흘러가지 않는다. 시비도 떠나고 선악도 넘어선 세계도 있다. 어느 세계도 인연으로 펼쳐지는 세계지만 분별된 세계만을 경험해서는 쓸데없는 욕탐과 분노를 넘어서기 어렵다. 욕망하지만 욕탐으로 흐르지 않고 분노하지만 미움으로 흐르지 않는 평상심이 도의 진면목을 보여 준다. 평상심밖에 없지만, 그 마음에서 중생의 세계와 부처의 세계가 펼쳐진다고 하지 않았는가.

육조 혜능 스님께서 전법의 상징인 가사와 발우를 받고 대유령 넘어갈 때 그곳까지 쫓아와 그것을 회수하고자 한 도명 스님의 마음은 어떠했을까. 무지렁이가 그것을 가져서는 안 된다는 사명감으로 분노하면서, 그것을 다시 회수해야만 한다는 욕탐으로 자신의 행위를 정당화하면서 앞뒤가 끊긴 발걸음은 아니었을까. 그랬던 것 같기도 하다. 도명 스님을 본 혜능 스님께서 '그대는 무엇을 구하러 왔는가? 가사인가 법인가?'라고 묻자 '법을 위한 일입니다'라고 한 대답이 이를 희미하게나마 보여 준다. 도명 스님의 마음이 만든 그림자를. 그랬을 것이다.

그림자 없는 마음 앞에 선 그림자 마음이 어찌 위축되지 않았겠는가. 이것을 본 혜능 스님께서는 '그렇다면 구하고자 하는 마음을 거두고, 스스로 선이라고 여기는 마음 씀도 악이라고 여기는 마음 씀도 헤아리지 말라'고 하시면서, '선심도 악심도 생겨나기 이전의 그대 본래면목을 가져오라'고 말씀하셨다. 달마 스님과 혜가 스님의 전설이 재현된 듯하다. 구할 수 없다는 것을 아는 것이, 구해도 머물지 않는다는 것을 아는 것이, 구할 수도 없고 전해줄 수도 없지만, 항상 그렇게 여여한 것이 배고프면 배고픈지 알고 졸리면 졸린 줄 알면서 언제나처럼 앞서지도 뒤서지도 않는 인연이 되는 마음, 이 마음은 가사로서 증명되지도 않고 경전에서 찾을 수도 없는 마음. 오직 계합했는가가 중요하나, 그 또한 스스로 먹어봐야 찬물인지 더운물인지 알 수 있는 것과 같다.

가져가기 위해 찾아봤으나 찾으려는 마음이 더 이상 효용이 없어질 때 이미 그렇게 있는 마음처럼 무심이 드러나리니, 이 마음을 가져갈 수 있을까. 염화미소는 그렇게 일어났다. 말 없는 미소로 올리는 절이 찾을 수 없는 마음이며 전해진 마음이니 여기에 한마디라도 보태면 그것은 사족. 스스로 구렁텅이에 빠지는 짓이다. 가사를 탐하듯 이런저런 마음을 탐하던 지난 세월이 갑자기 고맙기도 하고 안쓰럽기도 할 것이나, 구하려는 마음이 쉬는 순간 지난날의 허물도 한순간에 녹아나니, 그것이면 충분하지 않겠는가. 더 이상 법문을 지고 다니지도 않을 것인데 허물은 말해 무엇할까. 염화미소로

왜 깨달음은 늘 한박자 늦을까

도명 스님의 마음이라고도 할 수 없는 마음을 맞았으나, 그 또한 그렇고 그럴 뿐이다.

육조 혜능 스님의 문맹이 신수 스님의 지성과 대비되는 사건이 발생한 것이 한두 번이 아니지만, 그 일이 혜능 스님한테서 일어난 것과 도명 스님이 깨우치게 된 것은 또 다른 사건을 예고한다. 혜능 스님 이후의 선종을 보면 강호에 선의 스승들이 우후죽순처럼 등장한 것에 대한 예고편으로서. 초조인 달마 스님께서 중국에 오셔서 펼치고자 했던 일이 육조 혜능 스님 대에 이르러 제대로 꽃피울 수 있을 만큼 뿌리가 튼튼해졌기에 가능한 일이다.

이 또한 시절인연이다. 이 사건은 애썼으면 그것으로 충분하다는 것을 말해 준다. 결과가 반드시 원인을 증명하는 것일 순 없지 않은가. 하나의 사건마다 시절인연 전체가 만들어 낸다고 할 수 있는데. 예기치 않는 우연이 새로움을 넘어 시대정신을 현양하는 일이 어디 한두 번이었던가. 봄이 오면 늘 같은 꽃이 피는 것 같지만, 어느 날 이전까지 보지 못했던 꽃이 새로운 봄을 맞이하듯, 혜능의 문맹이 새로운 지혜의 문을 여는 것이 되었다. 부처의 법문에서 찾던 법의 당처를 마음으로 돌렸을 뿐만 아니라, 마음 법조차 존재하지 않는다는 선언, 곧 '본래부터 한 물건도 없다'는 선언은 아픈 마음을 찾을 수 없다는 혜가 스님의 깨달음을 잇지만, 머물지 않는 마음으로 새로운 봄꽃이 피어나는 데는 혜능 시대를 기다려야만 했다는 것이다. 이것이 시절인연이다.

늦고 빠름을 탓할 일이 아니다. 누구나 제 몫으로 자신의 꽃을 피우면서 새로운 시절을 준비한다. 혜가 스님의 꽃은 혜가 스님의 꽃이면서 혜능 스님의 꽃으로 그 맥을 잇는다. 실제로는 혜가 스님의 꽃도 혜능 스님의 꽃도 존재로서 실재하는 것이 아니기에 시절을 이어 새로운 꽃 빛을 피어나게 하는 공능이 된다. 하여 '그대 마음을 보세요'라고 말할 수밖에 없지 않았을까. 그대의 마음이 중생이고, 부처이니까. 부처를 보기 위해 부처를 보려 해서는 하세월을 기다린들 늘 기다림만으로 그림자를 남길 뿐이라는 것을.

문맹이었기에 깨달을 수 있었던 것은 아니었을까. 그림자 없는 마음의 당처를. 달마 스님께서 행하신 면벽구년面壁九年의 무심이 면면히 이어지다 문맹이었던 혜능 스님에 의해 활짝 개화되었기에. 그것은 '이 마음을 알라' 하지 않고 '그대 마음을 보라, 그 마음이 중생이고 부처다'라는 선언이었기에 가능했다. 사람마다 제 마음으로 제 모습으로 자신의 부처 세계를 산다는 선언이었으니, 활짝 개화되지 않는 것이 더 이상한 일일 것 같다. '제 마음을 보는 것이 곧 부처를 이루는 것이다'라는 것이 조사선의 선언이지 않는가. 해서 부처 되는 것이 세수하다 코 만지기보다 더 쉽다고까지 이야기한다. 해도, 말과 형상을 찾아 이곳저곳을 헤맨다. 헤매는 마음이 아프다. 도명 스님이 가사를 뺏기 위해 대유령까지 쫓아가는 일이 바로 그것이다. 부처 되는 일과는 아무런 상관이 없는데도 죽을 만큼 숨을 헐떡거리며 열심이다.

가사를 쫓지 말고 마음을 보아야 한다는 이야기는 가섭 스님과 아난 스님의 이야기에도 등장한다. 부처님께서 가섭 스님께 법을 전한 상징으로 금란가사를 준 일이 있었는데, 부처님께서 입적하신 뒤에 아난 스님이 가섭 스님께 '가사 말고 달리 전하신 법이 있습니까?'라고 묻자, 가섭 스님께서 '문 앞의 찰간(금동의 보주를 맨 꼭대기에 장식한 장대. 절 앞에 세웠다)을 뽑아 버려라'라고 답한 것이 그것이다. 마음이라는 말이 사라진 무심이 오히려 부처의 마음과 중생의 마음을 현상하는 당처이니 절을 표시하는 찰간이 어찌 절을 표시한다고 할 수 있겠는가, 라는 뜻일까.

깨달음을 상징하는 건축언어의 현장을 절이라고 할 수 있는데, 20여 년간이나 부처님의 시자로서 누구보다 부처님의 법문을 많이 들었지만, 부처님께서 입적하실 때까지 깨닫지 못한 아난의 처지가 찰간의 신세는 아니었을까. 부처님의 법문으로 마음을 가득 채웠다고 할 수 있으니, 아난의 마음은 아난의 마음일까 석가모니 부처님의 마음일까. 어느 것이든 아난의 마음이 아닌 것이 없겠지만, 늘 현상하는 부처님의 그림자가 아난이면서 아난을 가리는 역할을 하지는 않았을까. 하여 '천 년 동안 배운 지혜가 하루 동안의 수행에도 미치지 못한다'라는 말이 있겠지. 물이라도 편히 마시려면 눈앞의 찰간을 뽑아내는 수고쯤은 감당해야 한다.

17. 붙잡지 않으면 잃을 것도 없다

마음 하나 일어나고 사라지는 것은 시절인연이 통째로 일어
나고 사라지는 일이며 스스로 그러한 일이다. 누구의 마음
이 일어나고 사라지는 일처럼 보여도 그런 마음은 없다. 몸
이 곧 마음인 줄 알면 바깥이 더 이상 마음 밖일 수 없다. 몸
속에 마음이 똬리를 틀고 있는 줄 알거나 세상 속에 보이지
않는 큰마음이 있다고 여기면 빗나가도 한참 빗나간다. 보고
들리는 온갖 차이가 있지만 차이 난 그것에서 보면 그것으
로 한 세계. 어떻게 나눌 수 있겠는가. 이곳도 한 세계, 저곳
도 한 세계이거늘. 마음 닦는 일을 금강석을 제련해 금을 만
드는 일로 비유하기는 하지만, 자칫하면 비유에 의해 실상이
가려지고 마니 조심하고 조심할 일이다. 닦는 것으로 보면
제련하는 것 같지만 마음은 닦았다고 해서 다른 마음이 드러
나는 것도 아니므로. 해서 배휴는 물을 수밖에 없었다.

'계급에 떨어지지 않는다는 것은 무슨 뜻입니까?'라고. 이에 대한 황벽 스님의 말씀을 듣고 나면 더욱 아득하다. '종일토록 밥을 먹지만 한 톨의 밥알도 씹지 않으며, 종일토록 걷지만 한 걸음도 옮기지 않는다'라는 답이 그것이다. '그대는 알겠는가'라고 묻고 있는 듯하다. '만법이 본래 없거늘 돌아간다는 것은 무슨 헛소리인가'와 맥을 같이하는 말이다. 실상은 '만법이 본래 없다'는 것 또한 헛소리다. 봄이 오면 누구라도 봄인 줄 훤히 안다. 그뿐이다. 기다리거나 아쉬워하면 봄빛이 서글퍼진다. 그저 그렇다. 밥 먹는 일도 그렇다. 훤히 아는 일이지만 그것이라고 이름 붙이거나 그렇게 지나가는 선을 그으면 어긋나고 만다. 하여 '종일토록 걷지만 한 걸음도 옮기지 않는 것이다'라고 이야기한다. 이를 무상무아無常無我라고 한다.

이름 붙이는 순간 실상과 멀어지고 잡는 순간 번뇌가 탄생한다. 순간이라고도 할 수 없는 순간에 세상은 탄생되고 소멸된다. 탄생과 소멸이 한순간이다. 어디에서 어디로 가는 일이 없다. 이 또한 그저 그렇다. 어느 것이라고 말하는 순간 이미 그것은 말로서만 남아 있다. 이렇게 모인 말들을 지고 있는 것이 중생인 부처이고 그 말에 매이지 않으면 부처인 중생이다. 중생인 부처는 말들을 붙잡고서 제 할 일을 다

한다고 하지만, 잡은 듯한 것들이 손가락 사이로 빠져나가는 물과 같으니 돌아보면 허망한 일이다. 붙잡지 않으면 빠져나갈 일도 없다. 손안에 든 것으로 일상사를 삼는다면, 더욱 세게 손을 움켜쥐겠지만 쓴 힘만큼 아플 뿐이다. 이를 미혹이라고 한다.

잡히지 않는 것을 잡으려 하니 참아내는 인욕이 덤으로 생긴다. 이를 욕계라고 이름한 것일까. 욕망이 인도하는 세계는 필연으로 참아내는 욕됨만큼을 욕망하는 세계가 된 것과 같으니. 일상 사이에 '참으세요'라는 표지가 보이지 않는 글씨로 채워진 것은 아닌지. 종일토록 참으면서 일상사와 부딪치는 그런 삶.

누구나 스스로 그렇게 살려고는 하지 않았을 것이다. 추억이 오늘을 살게 하는 힘이 되기도 하기에 부질없다고만 할 수 없지만, 누렇게 바랜 사진으로 오늘을 위로하기보다는, 그것을 지녔을 마음 한구석에 휑하게 이는 서늘함으로 정신 차려봄은 어떨는지. 그 생각으로 이름에도 형상에도 끄달리지 않으면 순간에 삼세三世를 담아 자재自在하게속박이나 장애없이 자유롭게 살리니. 지금 여기도 머물 수 없거늘 이미 지난 일을 붙잡는다는 것은 무슨 일이며, 오지 않는 일을 그린다는 것은 또 무슨 헛수고인가. 붙잡지도 않고 그리지도 않으면서 온 인연과 함께하는 것이 부처인 중생으로서의 일상사. 이를 일러 해탈이라고 한다.

중생인 부처가 부처인 중생이 되는 일은 그저 관점 하나 바꾸는 일이나, 삼아승지겁三阿僧祇劫: 보살이 부처가 되기 위해서 수행하는 헤아릴 수 없는 아주 긴 시간을 지나도 쉽지 않기에, 관점이 바뀔 때까지 '이루려는 노력 내려놓기'를 하고 또 해야 한다. 천 명만 명이 그 일을 했고, 천 명 만 명이 대를 이어 그 일을 멈추지 않았으나, 아직 삼아승지겁이 지나지 않은 것일까.

사실 시간 또한 마음이 만든 것이니 마음 하나 돌리면 삼아승지겁 또한 한순간과 다를 것 없으나, 그렇게 된 이들이 다섯 손가락으로 꼽기도 헐거우니 원! 잊고 또 잊다 보면 삼아승지겁과 순간이 겹치면서 허허 하고 웃을 날이 오는 것인가. 있지도 않은 그날이 오지 않으면 스스로 만든 환상 속에서 환상 아닌 것을 찾아 헤매는 일을 멈추지 못하리니 괴로움이 그칠 날은 언제일까. 온 힘을 다해 환상 만들기를 삼아승지겁 해온 것과 같으니 그 길을 거슬러 가는 일 또한 환상의 삼아승지겁이 필요한 걸까. 상상으로 이루어진 세계가 아무런 일도 할 수 없게 되는 순간, 걸어오고 걸어갈 시공간이 순간이라고도 할 수 없는 시간으로 응축되면서, 걷는 걸음마다 삼세와 사방을 펼치는 이가 계급에 떨어지지 않는 자

재인이나, 그때가 되면 언제나 그렇게 하고 있는 것을 알게
되겠지.

2부.
완릉에서 설하신 황벽 단제선사의 어록,
완릉록

완릉록(宛陵錄)
황벽 단제선사 완릉록(黃檗 斷際禪師 宛陵錄).
당 대중(大中) 2년(848년) 배휴(裴休)가 완릉(宛陵) 관찰사로 부임하면서,
홍주(洪州)에 계신 황벽 스님을 개원사로 초빙하여
아침저녁으로 도를 묻고 기록한 책

1. 도道를 묻는가, 꿈속의 꿈인 도를

사실, 도라고 말할 수 있는 도道도, 사람이라고 말할 수 있는 사람[시]도 없다. 도라는 생각과 사람이라는 상상을 내려놓지 못하면 지금 여기를 걷고 있는 자신과 만날 수 없다. 항상 희미하게 보이는 것이 기대되는 그것이고, 그것이 자신의 삶에 구현되기를 바란다면, 욕탐과 분노를 키우는 일인지도 모르면서, 욕탐과 분노로부터 자유롭게 되기를 또다시 기대하는 것과 같다. 그렇게 되면 채워지지 않는 기대에 기대어 스스로를 받아들이지 못할 뿐만 아니라 그것을 탓할 외부를 찾는다. 그 외부조차 스스로 창조한 것인데도.

실제로는 그것조차 스스로 창조한 것이 아니다. 창조는 온 인연이 함께하는 일이다. 스스로는 그것을 느끼는 일을 한다. 해서 느낌을 그대로 알아차리는 일이 수행이 된다. 기쁘면 기쁨으로 아프면 아픔으로. 그러다 보면 일상의 인지와

왜 깨달음은 늘 한박자 늦을까

다른 현상이 일어난다. 느끼는 주관과 느낌으로 이름한 현상의 경계가 무너지는 일이다. 이 말은 '나는 무엇을 안다'라는 서술이 더 이상 유효하지 않다는 뜻이다. 더 나아가 일체 모든 것들이 사라지고 마는 경험은 있음과 없음의 경계조차 그것이 무엇인지를 묻게 한다. 경계가 허물어지는 경험은 '나란 무엇인가'를 규정하는 일이 가능하지 않다는 것을 말해 준다. 사건·사물을 분별하고 분석하는 마음이 실제로는 사건·사물을 왜곡하는 일도 병행하기 때문이다. 이를 무지라고 한다.

'도인'이라고 이름하지만 도道와 사람[人]이 분별된 환상이라는 것을 모른다는 뜻이다. 부처님의 가르침에 따르면 사람 등은 서로서로 기대어 사람 등이 된다. 함께해야 임시적인 존재로의 개체가 현상하고, 그렇게 현상한 개체들은 또다시 보이거나 보이지 않거나 서로 의지하고 의존하면서 공존의 장에서 도인이 된다.

도인이 된다는 것은 인식의 전환으로 보면 더할 수 없는 깨달음이 일어났다고 할 수 있으나, 그 깨달음은 서로 의존하지 않으면 개체로서의 도인은 없다는 것이니, 삶의 장에서 일어나는 일로 보면 새로울 것도 없다. 하여 석가모니 부처님께서도 상호의존하는 연기적 삶의 흐름은 언제나 그렇게

'찰나도 머묾 없이 흐른다'고 하셨을 것이다. 삶의 바탕이 이렇거늘 어디에다 높낮이를 정할 수 있을까. 인지되는 세상은 분별된 것들이 그것 자체를 성립시키는 본질이 있다는 전제 아래 인지된 것들이니, 상상을 떠나면 실재하는 것들의 존재성을 논할 수 있겠는가. 해서 인지된 것들의 존재성을 묻는다는 것은 꿈속의 꿈이다.

그럼에도 불구하고 배휴는 묻고 또 묻는다. 그렇게 하는 것이 배휴의 자비다. '산중에 계시는 4~5백 명의 스님 가운데 몇 명이나 화상의 법을 얻었습니까?'라는 질문도 그 가운데 하나다. 숫자로 셀 수 있다면 경계 짓기가 일을 하고 있는 것이므로 그 속에는 기댐이 사라진다. 부처님의 가르침과 혜능 스님의 가르침에는 기댐 없이 설 수 있는 '것'이 없다고 하지 않았는가. 그리고 기댐이 펼쳐내는 일이 경계 없는 마음 아닌가. 이 마음을 어찌 숫자로 셀 수 있을까. '누가' '법'을 '얻었다'는 말이 성립되기 위해서는 사람과 법과 얻음이라는 것들이 일시적으로 그렇게 현상하는 것이어서는 안 되기에 전제가 틀렸다는 말이다.

해서 황벽 스님께서도 '법을 얻은 사람은 수로 헤아릴 수 없다. 도는 마음이 만든 가상의 실제에 현혹되지 않는 상태를 뜻하므로 언설로서 표현할 수 있는 영역을 넘어선다'라고, 말을 빌려 말을 부정하는 수고를 할 수밖에 없다. 말은 경계를 중심으로 나누어진 사건·사물들을 표현하는 것이므로 경계를 떠난 상태는 일상의 마음이 아니다. 이를 깨달음이라고 이름하기는 하지만 황벽 스님의 언어로는 무심이다.

역설적이지만 무심을 이야기하기 위해서는 한계를 갖는 유심의 수단을 쓸 수밖에 없어 각종 경전이 설해졌다고 할 수 있다.

하니 경전의 논지로 진리를 규정해서는 안 된다. 육조 스님의 문맹이 이를 극적으로 보여 준다. '어느 것에도 머물지 않는 마음을 쓰라'는 『금강경』의 가르침이 곧장 자신의 마음과 계합되면서 자신의 마음이 곧 경전의 내용이 되는 경험을 했다고 할 수 있기에 그렇다. 무심은 스스로를 부정하는 말이다. 하여 무심은 무엇이라고 서술할 수가 없다. 선어록이 넘쳐나고 있는데 무슨 말이냐고 할 수 있지만, 부처의 마음을 찾은 것이 깨달음이 아니라는 『선어록』의 가르침은 무심으로 작용하는 마음이 곧 부처의 마음이라는 것이기에.

2. 부처를 찾는가, 그럼 찾는 마음은

『금강경』에서는 '부처란 형상을 통해서도 볼 수 없고, 언어나 이념에서 구할 수도 없다'고 이야기한다. 삶의 장은 잠시도 머묾 없이 그저 그렇게 변해 가므로. 그런데도 사람의 생각은 변치 않는 실재를 전제로 이야기를 만든다. 해서 형상과 이야기에 머무는 순간이 제 삶과 어긋난 순간이다. 우리가 갖고 있는 이야기의 실체가 삶의 실제를 가리므로.

그렇지만 묻지 않을 수도 없다. 무엇인지 알 수 없는 일이 늘 그렇게 일어나고 있기에. 알고 있었던 것이 효력을 상실하는 날, 갈팡질팡하지 않으려면 그렇게 하는 것이 바른 것 같기도 하지 않은가. 해서 끊임없이 묻고 묻는다. '나란 무엇인가? 부처란 무엇인가'가 그것이다. 허나 이 질문 또한 헛짚었다. 임시 그렇게 현상한 개체로서의 나는 무엇이면서 동시에 그 무엇에 머물 수 없기 때문이다. 하여 부처란 머물지 않는 것을 아는 마음이라고 할 수는 있으나, 그 마음은 온갖 것을 만들어 내면서도, 돌아서는 순간 어느새 그 마음조차 사라지니, 마음이 부처라고 할 때조차 부처를 볼 수 있거나 구할 수 있는 것으로 여겨서는, 마음을 떠나 마음을 찾는 꼴이 되고 만다.

부질없는 힘 빼기로 지쳐갈 때 잠시 쉬는 것이 오히려 부처를 보는 일이 되는 것은 아닐까. 황벽 스님께서 '부처란 마음 그 자체이고, 무심이 도다'라고 말씀하시면서, '이런저런 생각으로 있음과 없음, 길고 짧음, 너와 나, 주관과 객관 등을 다투는 마음이 없을 때의 마음이 부처인 마음이다'고 한 것도, 바쁜 마음이 쉬는 곳에서 부처의 마음이 드러난다는 것을 가리키거나, 그 마음은 그대 자신이 알 것이라고 한 것은 아닐까. 하여 '부처란 본래부터 마음인데, 그 마음은 허공과 같다'라고 비유할 수밖에 없었을 것이다.

그렇다고 해도 이 비유가 마음을 온전히 상징한다고 여기면 안 된다. 온몸이 그대로 마음이기도 하므로. 마음인 온몸이 마음을 뜻대로 운용하는 주체라고 할 수 없듯, 몸인 마음도 주체가 아니다. 홀연히 이는 바람이 몸을 흔들고 마음을 흔들어 마음이 밖으로 나오는 듯하다. 함께 공명하는 흔들림이 없다면 마음도 없다. 지극히 개체로서의 마음 활동인 것 같지만 독립된 개체가 있을 수 없듯 마음 또한 그렇다. 그런데도 지극히 일회적인 현상으로 마음이 일어나고 사라진다. 하여 찰나 전의 마음에 머물러서는 찰나 후를 온전히 살아낼 수 없다. 해서 마음을 허공과 같다고 한다. 순간의 흔들림에도 머물 수 없는 것이 몸이 형상에 머문 듯한 것과는 다르다는 뜻으로. 드러난 형상과 마음 작용 하나하나가 그 순간의 울림을 온전히 나타낸 것이지만, 역설적으로 나타낸 것을 비워야만 다음 울림을 온전히 드러낼 수 있으니, 온갖 마음 현상이 무심의 작용이면서도 무심 그 자체를 가리는 역할도 한다.

현상한 마음에 머물지 말라고 한 것도 이 때문이다. 어떤 현상도 두 찰나를 이어 동일한 상태로 머물지 않지 않는가. 현상한 것은 그 순간의 인연이 만든 공명상이라고 할 수 있으나, 공명상에 대한 지각을 갈무리한다는 것은 다음 인연의 공명상과 상응할 수 있는 지각 능력이 현저하게 줄어드는 것과 같기 때문이다. 이와 같은 지각 현상은 머물지 않는 마음이면서 언제나 인연과 온전히 상응하는 공능을 시현하고 있는 무심과 비교할 때, 인연의 장을 축소하고 제한하는 것과 같아 기대를 저버리는 일과 만나게 될 확률만을 키우는 것과 같다.

왜 깨달음은 늘 한박자 늦을까

그렇게 해서 부처인 중생으로서의 삶보다는 중생인 부처로서의 삶이 일상이 될 확률도 커져간다. 실제로는 부처인 중생이지만 만나는 것은 늘 중생인 것이 이를 증명한다. 분별심이 쉬지 않으면 허공과 같은 마음인 법신부처님은 없는 것과 같으므로, 아쉽고도 아픈 일이다. 허공에 관심을 두지 않듯, 빈 마음에 주의를 기울이지 않다 보니 앉은 자리에서 부처인 중생을 잃은 것과 같은 일. 사실 이런 일을 혼자서 한 것도 아니다. 변치 않는 자아나 주체가 있을 뿐만 아니라 그것들 사이에도 높낮이도 있다는 학습이 큰 몫을 했다.

아상과 인상 등의 실상이 그렇다. 실재하는 것이 아님에도 불구하고 한번 그와 같은 학습이 터를 잡고 나면 스스로가 허공 같은 법신부처님으로서의 중생인 줄을 알 수 없게 된다. 언제인지도 알 수 없는 옛적부터 사람 사이의 차별적 서열의 근거로 아상이 만들어졌기에. 그냥 만들어진 것에 그쳤다면 그러려니 하겠지만, 서열이 생명으로서의 실존보다 우선하게 되면서 있어도 없는 것과 같은 사람도 만들어졌지 않는가. 지금도 여전히 다른 얼굴로 아상·인상이 내외부적으로 횡행하고 있으니, 황벽 스님께서도 '아상·인상이 없다면 우리 모두가 본래 그대로 부처'라고 강조하셨겠지.

'본래 그대로'라는 말이 지금 여기를 가리키고 있지만,

쓰임으로 보면 아득하고 아득하다. 하여 본래 그 자리로 돌아가는 데 삼아승지겁이라는 상상 가능한 가장 긴 시간이 걸린다고 한다. 구함이 없으면 그곳에서 이미 구해진 자신의 삶이 미소로서 자신을 맞이할 텐데. 어떻게 해서 이렇게 됐을까. 상상의 능력이 생기고부터라고 하지만, 상상할 수 있기에 부처를 꿈꾸는 것도 가능하지만, 꿈이 실존을 대신하면서 헤매게 된 탓도 크겠지. 꿈인 줄 아는 것이 꿈에서 깨어나는 일일 것 같지만, 꿈처럼 힘이 센 것도 없는 것 같으니 '꿈에서 깨어나세요'라는 말이 덕담이 될 것 같지도 않고, 무심은 익혀서 된 상태가 아니므로 무심이 되기 위해 닦는다는 말이 성립될 수도 없어, 할 수 없이 온갖 방편을 익혀 깨달음을 얻었다고 할지라도 그것은 무심이 아니라고 할 수밖에 없는 것 같기도 하다.

구해진 모든 것들은 형상과 언어분별상인 아상과 인상 등을 넘어설 수 없다. 인연이 만든 유상과 상상으로 조작된 형상인 아상과 인상 등은 접점이 없는 것은 아니나, 인연이 형상에 머물지 않는 것인 반면 분별상은 형상으로부터 파생되었다고 해도, 궁극에는 형상을 떠나 저 스스로 궁극적인 실재가 되고 말기에. 해서 형상을 통해 사건을 알아차리는 유심으로는 궁극적인 깨달음이라고 할 수 있는 무심에 이를 수가 없다. 하여 보신이나 화신은 진짜 부처님이 아니라고 하며, 설법을 할 수도 없다고 한다. 여기서도 살얼음판을 걷듯 조심해야 한다. 진짜 부처님이라는 분별상을 취하면 그것은 진짜 부처님을 여의는 일이 되므로. 곧장 무심해질 수밖에 없으나 만들어진 아상과 인상 등을 기반으로 두 발을 딛고 서 있는 느낌에서 벗어나는 발을 떼기가 어찌 쉽겠는가.

'부처란 마음이고 무심이 도다'라는 황벽 스님의 말씀은 익숙한 느낌에서 발을 떼라고 하는 것과 같아, 그의 가르침을 제 몸으로 실천한다는 것이 '세수하다 코 만지는 것만큼 쉬운 일'이면서도 하늘의 별을 따는 것만큼이나 어려운 일이 된다.

3. 마음 하나에 부처도 숨어 있고 중생도 숨어 있다

한때 석가모니 부처님께서는 아난더러 법문을 대신해 달라고 부탁할 정도로 몸이 아팠으나 괴롭지는 않았다. 이것이 성인의 무심이다. 온전히 아픔을 느꼈지만, 아픔이 사라지고 즐거움이 오기를 바라지 않는 마음이다. 괴로움은 바라는 일이 일어나지 않을 때 발생하는 마음 현상이다. 인연이 다하기 전까지는 괴로움도 사라지지 않고, 인연이 다하면 즐거움도 사라진다. 잡지 않으려 해도 껴안아야 하고, 잡으려고 해도 잡을 수 없다. 이런 일은 피할 수 있는 것이 아니다. 일어나면 그것이 곧 삶의 실제이며 진리다.

하여 이런 일에 무심하지 못한 이를 범부라고 부른다. 괴로워하는 일이 당연한 것 같지만 실제로는 기대라는 필터를 통과한 집착하는 마음이다. 성인과 범부를 가르는 필터다. 성인의 본질도 없고 범부의 본질도 없지만, 마음 현상 하

왜 깨달음은 늘 한박자 늦을까

나가 성인과 범부를 만든다. 무심은 마음이 없는 것이 아니라 집착하는 일이 없는 마음으로 성인의 마음 씀이라 할 수 있고, 범부의 무심은 기대 없는 것에 마음을 쓰지 않는 것으로 멍한 것과 크게 다르다고 할 수 없다. 이런 뜻에서 범부는 무심한 적이 없다.

한데도 배휴는 묻는다. 성인의 무심은 그 자체로 부처지만 범부의 무심은 멍한 상태에 빠진 것이 아니냐고. 황벽 스님의 무심을 보자. 배휴의 질문에 바쁜 무심을. 집착 없이 있는 그대로의 인연을 맞이하여 매임 없는 자비심을 펼치고 있는 무심을.

무심 작용의 실제는 온전히 지금 여기가 된 마음이라고 할 수 있다. 해서, 도를 설명하면서 배고플 때는 온전히 배고픈 줄 알고 졸릴 땐 온전히 졸린 줄 아는 마음이라고 하기도 한다. 알기 전에는 없는 것 같고 알 때는 있는 것 같으나, 실제로는 인연이 펼쳐내는 흐름 그 자체가 된 마음이 무심이라는 것이다. 그러다 보면 느낌도 앎도 머물 수 없다는 것을 안다. 공성에 대한 경험이다. 하니 무심해지기 위해서는 지금 있는 그대로를 느껴 알면 그뿐이다. 해서 배휴의 질문은 처음부터 성립될 수 없다. 무심으로 보면 성인과 범부라는 말을 쓸 수 없고 멍한 상태에 빠진다고 할 수도 없으며, 성인과 범부라는 말을 쓰면 이미 무심이 아니므로 무심법은 있다고 해도 맞지 않고, 없다고 해도 맞지 않는다. 있다거나 없다는 견해는 그냥 그렇게 익혀 온 업식이 만들어 준 인식 결과다.

머묾 없이 일어나고 사라지는 것이 진리다. 어디에서든 그렇지 않은가. 해서 환상을 잡으려 하면 번뇌가 되나 환상인 줄 알면 진리가 현현한다. 어느 현상도 진리가 되기도 하고 번뇌의 원인이 되기도 하니, 진리도 무소부재며 번뇌도 무소부재다.

환상과 같은 것들을 보고 듣고서 그것을 실재라고 아는 마음이 중생이다. 허망한 마음은 중생을 만들고, 허망한 마음을 쉬면 부처가 드러난다. 마음 하나에 중생도 숨어 있고 부처도 숨어 있는 듯하나, 마음 그 자체는 잠시도 머묾 없이 드러난 인연을 해체하면서 새로운 인연망을 만들고 알아차리는 일을 가열차게 한다. 단지 그럴 뿐이다. 이것을 분명하게 깨닫지 못하면 만들어진 것을 실재라고 착각한다. 그 또한 마음이다. 마음에 마음이 속은 것과 같다. 하여 속으면 중생이고 속지 않으면 부처다.

환상인 줄 아는 것은 지혜고, 이를 뒷받침하는 것은 선정이다. '머물지 않는 마음을 쓰라'고 했을 때, 마음이 있음이나 없음 등에 머물지 않는다는 것을 아는 것, 곧 마음 그 자체가 무심인 줄 아는 것은 지혜고, 그 마음을 쓰는 것은 선정의 힘이 뒷받침한다고 할 수 있지만, 보다 근본은 지혜다. 많은 경우 한번 분명하게 알아차리면 속지 않을 수 있게 되고, 옛처럼 속게 되는 경우라고 하더라도 지혜가 작용하게 되면 머물지 않는 마음을 쓸 수 있기 때문이다.

선정과 지혜라고 했지만 실제로는 선정과 지혜가 함께 작용한다. 무심에 집중하는 것을 선정이라고 할 수 있고, 무심을 쓰는 것이 지혜라고 할 수 있기 때문이다. 하여 조사선에서는 분별의 경계선을 해체하고 경계선을 바탕으로 세워진 허망한 견해에 머물지 않는 것을 수행으로 삼는다. 그렇게 되면 중생인 부처가 부처인 중생이 된다. 잊지 않아야 할 것은 무심에서 보면 중생도 없고 부처도 없기에 마음 쓰는 양상에 따라 중생 세계도 펼쳐지고 부처 세계도 펼쳐진다는 것이다. 그러므로 경계선을 허물면 부처 세계가 융성할 것이고, 경계선을 세우면 중생 세계가 강고해질 것이다.

4. 마음으로 가득한 허공

작용하면 삼라만상이 펼쳐지고 작용하지 않으면 삼라만상도 사라진다. 이것은 부처와 중생이 다를 것이 없다. 펼쳐지면 그만큼 마음이 커진 것 같고, 닫으면 작다고 말할 수 있는 것도 없다.

허공에 가득한 것이 마음이지만 그것을 마음이라고 할 수도 없고, 마음도 아니기에 허공에 온갖 인연이 펼쳐진다. 형상으로 부처를 볼 수 없겠지만 형상이 마음을 떠난 적도 없고, 소리로서 부처를 구할 수 없지만 마음을 드러내지 않는 소리도 없다. 마음은 어디에나 있기도 하고 없기도 하다. 빛의 떨림과 소리의 떨림도 마음으로 현상하지 않는가. 마음이 아는 것 같지만 떨림의 모양이 마음 현상을 규정하기도 한다. 저 멀리서부터 오는 빛의 떨림과 소리의 떨림은 자신이 지나온 모든 곳을 정보로 가득 채운다. 읽히거나 읽히지

왜 깨달음은 늘 한박자 늦을까

않는 것은 문제가 아니다.

어느 날 누군가와 공명하면 그 순간 앎으로 현상한다. 허공이 마음으로 가득 찬 것이다. 가득 찼다는 말도 실제로는 맞는 말이 아니다. 허공과 마음이 서로 다른 것이 아닌데, 어떻게 허공에 마음이 가득하겠는가. 더욱 신비로운 것은 온갖 마음으로 뒤섞여 있지만, 앎으로 현상할 때는 제 모습이 분명하게 드러난다는 것이다. 해서 중생의 마음도 있는 것 같고 부처의 마음도 있는 것 같다. 그리는 내일이 오늘로 현상하기를 바라는 것이 중생의 마음이고, 오늘을 오늘로 맞이하는 것은 부처의 마음이다. 그리는 마음은 어제의 경험으로 만들어진 내일이기에 내일을 그리는 일이 집착을 키워가는 마음이 되어 중생심을 강화하는 것 같기도 하다.

허나 이 또한 마음이다. 괴로움을 만드는 마음이지만 마음 현상이 이렇기에 마음을 닦는 일이 필요하다. 육바라밀과 수많은 보살행을 닦는 일이다. 해서 배휴는 묻지 않을 수 없다. '마음이 부처라면 왜 육바라밀과 보살행을 실천해야 하는가'라고. 헌데도 황벽 스님은 일언지하에 '깨달음은 오직 마음에 있을 뿐 육바라밀과 수많은 보살행과는 상관이 없다'고 한다.

이는 낱낱 떨림이 허공 아닌 것이 없지만 허공이 그 떨림이 아닌 것과 같다. 온갖 떨림으로 가득 찼지만 그 떨림이 곧 허공이 아니듯, 육바라밀과 수많은 보살행이 깨달은 마음을 만드는 것이 아니라는 뜻이다. 마음 그 자체가 깨달은 앎이다. 깨달음 또한 앎이므로. 마음의 작용 그 자체가 그렇다. 작용양상에 따라 중생인 마음인 듯하고 부처인 마음인 듯할 뿐, 중생의 마음과 부처의 마음이 다른 것이 아니다. 해서 '마음과 부처와 중생이 본래부터 다르지 않다'라고 이야기한다. 아프고 아픈 일이고 기쁘고 기쁜 일이다. 마음과 부처와 중생이 차별되지 않는다는 것이. 해도 마음을 닦아야 한다. 제 마음이 만들어 내고 있는 셀 수 없는 중생을 부처로 이끌기 위해서는.

못 생명도 중생이고 제 마음도 못 생명과 다를 것이 없다는 것이 수많은 방편이 필요한 이유가 된다. 마음을 깨닫기 위해서 닦는 것이 아니라 오직 못 생명을 깨닫는 마음으로 인도하기 위해서 필요한 방편이다. 방편이란 뜻을 잊지 않아야 한다. 강을 건너기 위해 필요한 수단일 뿐 그 수단이 깨달음을 상징하지 않는다는 것을.

수많은 오류가 상징을 진리로 착각하는 데서 발생한다. 상징이 생명을 넘어선다고 여겨 다른 상징을 섬긴다고 생명을 가벼이 여기는 일이 지금도 비일비재하게 일어나고 있지

왜 깨달음은 늘 한박자 늦을까

않은가. 서글픈 일이다. 스스로가 스스로를 소외시키는 일을 가열차게 하면서 '나는 누구인가'라고 물을 수밖에 없는 현재가. 이를 넘어서기 위해서는 시선을 안으로 돌이켜야 한다. 몸과 마음을 있는 그대로 지켜보는 일이다. 그러다 보면 상징의 허구가 보인다. 그렇다고 해서 상징을 넘어서는 것도 없다. 살아온 인연의 길이 다 다르듯 만들어 내는 상징이 다 다를 뿐이다. 중요한 것은 그것들이 인연인 마음이 만들었다는 것을 잊지 않는 것이다. 잊고 나면 어이없게도 상징으로 무심을 규정하게 되고, 덩달아 인연인 마음을 볼 수 없게 된다. 상징을 소유하는 일은 그렇게 일어난다.

몸 없는 마음이 있고 마음을 넘어선 마음이 있다는 신념 체계가 바로 그것이다. 하여 다양한 방편이 필요하다. 전체적으로 보면 관점을 바꾸는 일이지만 관점이 서로 다른 만큼 그에 따른 학습 내용이 같을 수 없으므로. 이것이 뜻하는 것은 효과적인 방편이라고 해서 언제 어디서나 통할 수 없다는 것이다. 이는 서로의 방편을 어떻게 대해야 하는지를 살펴볼 것을 요구하는 것과 같다. 해도 한 번 만들어진 신념체계는 그 자체가 생각을 넘어섰을 뿐만 아니라 생각을 지배하기까지 한다. 시대가 다르고 환경이 다른데도 여전히 강력한 힘을 갖고 있기에, 스스로가 존재 이유가 된다는 생각을 하기가 어렵다. 자유롭게 생각하는 삶을 사는 것 같지만 실제로는 전혀 자유롭지 못하다는 것이다. 조금만 생각해 보면 자유라는 말 자체가 성립되는 것 같지가 않다. 그래서 세월이 걸린다. 마음이 부처 되는 데 시간이 걸리는 것이 아니라 마음이 곧 부처라는 관점이 형성되기까지가.

하여 황벽 스님은 이야기한다. 보리진여, 해탈법신, 십지, 사과의 성스러운 지위 등 모든 것이 방편에 지나지 않는다고. 해도 방편을 닦지 않으면 마음이 곧 부처인 줄 알 수 없으니 닦고 또 닦아야 한다고. 마음 밖에서 깨달음을 구할 필요가 없다는 것을 알기 전까지는. 구하는 마음은 삶과 죽음 등 모든 번뇌를 생산하는 것과 같다. 상징을 실재로 여겨 그것을 구하고자 하는 것은 필연적으로 실패할 수밖에 없기에. 번뇌가 생겨나는 원리가 그렇다. 뭇 생명 모두가 그와 같은 마음을 쓰고 있으니 쓰는 마음마다 왜곡된 실상을 실재로 여기면서 받지 않아도 될 아픔을 덤으로 얻고 있으니. 이 마음을 제도하기 위해 온갖 법문이 설해졌다. 헌데도 있는 상징을 내려놓기는커녕 새로운 상징을 짐처럼 지려고 하니, 부처님께서는 다시 강조해서 말할 수밖에 없었다. 45년간 한마디 법도 설한 적이 없다고. 수많은 경전이 설해졌는데, 그것 모두가 '마음이 곧 부처다'라는 것을 다르게 설한 것이며,

그 마음 또한 궁극으로는 마음이랄 것도 없다는 것을 지목하고 있으니, 알 것 같기도 하나 제대로 알기가 쉽지 않다.

하여 차고 뜨거운지는 직접 마셔 봐야 된다고 했다. 더구나 마음을 이야기하면서 '안이 없을 만큼無內 작고, 밖이 없을 만큼無外 크다'고 하였으니, 마음이라는 말조차 일상의 상징을 넘어선다. 우리의 마음이 법계가 되기도 하고, 한 사람의 마음이 되기도 하니, 마음 하나 알기가 어디 쉽겠는가. 해도 부처님과 조사 스님들의 설법 내용은 오직 마음을 가리키고 있으며, 마음 그 자체가 대·소승을 넘어선 수레인 일승이라고 이야기한다.

사실 조금만 생각해 보면 삶 그 자체는 마음 현상 이외는 어떤 것도 없다는 것을 알 수 있다. 두 찰나도 동일하지 않는 흐름으로 상속되는 마음만이 자신의 우주가 될 수밖에 없지 않은가. 내일을 그리지만 그리는 마음과 그려진 내일은 등치될 수 없는데도 늘 그려진 내일로 지금 여기를 사니 앞당겨진 죽음이 오늘을 불안하게 하지는 않는지. 듣고 보면 그냥 안다. 해도 불안이 가시지 않는다. 사실 불안하지 않으려고 내일을 준비하지만 끝없는 내일이 다시 오늘을 불안하게 하니 내일을 그리는 오늘은 늘 불안해지려는 연습을 하는 것과 같으므로. 무심해진다는 것은 지나간 어제와 오지 않은 내일을 지금 여기로 불러오지 않는 것이다. 이 일을 할 수 있는 것은 마음밖에 없지 않은가.

해서 마음 밖에서 다른 것을 구할 것이 없다. 뭇 생명 모두의 마음 그 자체가 곧 부처님이거늘 무엇을 구하고자 하는가. 구하고자 하는 모든 일은 지엽말단을 좇는 것에 불과하다. 왜 이미 잘 익은 열매와 같거늘, 어찌 떨어진 낙엽을 찾으려 애쓰는가. 생각해 보면 아쉽고 아쉽다. 마음이 곧 부처임을 믿지 못하는 것이.

달마 스님 이래 모든 조사 스님들의 가르침도 이것을 벗어나지 않는다. 허나 달마 스님의 말씀을 단박에 알아차린 분은 혜가 스님뿐이었다. 괴로운 마음을 찾아오면 그 마음을 제도해 주겠다는 달마 스님의 말씀을 믿고 괴로운 마음을 찾았으나 그 마음을 찾을 수 없어, 달마 스님께 '찾으려고 했으나 찾을 수 없었습니다'라고 이야기했는데, 그 말을 들은 달마 스님께서 '네 마음을 제도해 마쳤다'라고 말씀하신 순간 찾을 수 없는 그 마음이 곧 부처인 줄 깨닫고, 달마 스님의 법을 잇게 된 기연이 이것을 말해 준다.

괴로운 마음을 찾다 괴로움과 즐거움이라는 경계막이 사라진 것이다. 그렇게 되면 몸의 경계막도 사라지는 경험을 하게 된다. 이를 무분별심이라 하며, 대도大道라고 한다. 그렇게 되면 현상하는 분별심에 헤매지 않게 된다. 삶과 죽음, 나와 너라는 경계막이 사라지고 나면 그렇게 설정된 경계막 속의 나도 사라진다. 어디 나만 그렇겠는가. 모든 현상이 다 그렇다. 연기법 따라 함께 일어나고 사라지기에, 일어났다고 새로 생긴 것도 아니고 사라졌다고 없어지는 것도 아니다. 분별되는 현상으로 사건·사물을 차별한다는 것은 그 현상을 경계면에 가두는 일이며, 이는 상상의 산물에 지나지 않는다. 그럼에도 불구하고 힘이 세다. 혜가 스님께서 달마 스님을 만나기 전의 마음 현상은 오직 혜가 스님의 경험이겠지만 그것에 대해 머리를 끄덕이는 것은 누구라도 비슷한 마음 현상이기 때문일 것이다. 이는 누구라도 비슷한 상상을 해 봤다는 것을 말해 주면서 동시에 누구라도 법을 잇는 혜가 스님과 같은 경계 너머의 마음을 경험할 수 있다는 것을 뜻하기도 한다. 비록 달마 시대에는 혜가 스님만이 달마 스님의 법을 이었지만 뒷날 무분별을 경험한 선지식이 우후죽순처럼 여기저기서 나타난 것이 이를 증명한다. 하여 대도는 평등하다고 한다. 누구라도 그렇게 될 수밖에 없기에.

뭇 생명 모두가 경계 없는 앎으로 경계를 지으면서 함께 마음 활동을 하기에, 마음 활동으로 보면 경계 없는 앎이나 경계로 나타나는 현상의 실제가 다를 수 없다. 하여 앎과 그

앎을 알아차리는 공능이 다르지 않다. 앎을 알아차리는 앎이 있기에 알아차리는 앎이 작용하고 있다는 것도 알 수 있지 않은가. 그들은 현상으로 보면 다른 듯하지만, 내용으로 보면 서로가 서로를 성립시키는 것과 같아 결코 다를 수 없다. 이와 같은 앎의 공능을 온전히 깨달은 이가 조사 스님이다. 모든 분별상이 마음에 의해서 만들어진 줄 알게 되면 현상에 끄달리지 않게 되고 마음에도 머물지 않게 된다. 모든 것들이 마음이면서도 그것만이 마음이 아니며 마음이랄 것도 없는 듯한데서 모든 것이 마음 현상이 되어 나타나게 되는 것을 직관하게 되면 어느 것에도 머물지 않는 마음을 뜻대로 쓸 수 있게 된다는 뜻이다. 그렇기에 '경계막이 사라진 마음을 직관하게 되면 사의思議의 길이 끊어지면서 부사의不思議의 길이 열리게 된다'고 한다.

5. 가장 큰 배움은 배우는 일을 하지 않는 것

'모든 것은 무상하다'는 말은 '모든 것'이란 주어가 성립될 수 없다는 것을 뜻한다. '무엇이다'라고 말하려는 순간, 이미 변했으므로. 그렇다고 해서, 곧 변했다고 해서 전혀 다른 것이 되는 것도 아니다. 할 수 없어 상속적 변이라고 어렴풋하게 말해 보려 해도 결국 말의 경계 속에 떨어지고 만다. 변화라는 뜻도 그러한데, 명사적 존재는 더 말해 무엇하겠는가. 명사적인 것은 상상 속에만 존재한다. 일상의 사건·사물을 해석하는 것도 마음이지만, 그것을 존재자로 인정하는 것도 마음이 한다는 뜻이다. 이 말이 성립되기는 할까. 마음이라는 말이 곧 마음을 규정하는 것과 같은데. 어찌 됐든 상상 속에만 있다는 것은 어느 것이든 그것이 실재할 수 없다는 말이다. 모든 것은 용이라는 말과 크게 다르지 않다는 뜻이다. 더 나아가 거기에 대해 이런저런 의미를 부여하는 것 또한 마음이다. 하여 마음이 모든 환상을 창조한다고 말한다.

그렇다고 해서 마음이 무상하지 않은 것도 아니다. 마음 현상을 창조하지 않으면 무엇을 근거로 마음이 있다고 할 수 있겠는가. 깊은 잠만 들어도 의식하는 마음도 작용하지 않지 않는가. 사실 의식이라는 마음과 의식 이전의 마음 그리고 몸인 마음, 더 나아가 인연의 장인 마음은 마음이라는 이름을 공유하기는 하지만, 같지도 다르지도 않기에 이런저런 수식어를 붙여 구분할 수밖에 없다. 그리고 그 또한 의식처럼 작용하기도 하고 작용하지 않기도 한다. 해서 있을 땐 있는 것 같고 없을 땐 없는 것 같다. 어쩌면 몸과 마음의 작용 조건에 따라 서로 다른 이름으로 불릴 뿐, 그 마음도 명사로서의 마음일 수 없다. 마음 하나가 우주 전일체로서의 인연망을 만들기도 하지만, 분별하는 의식으로 작용하기도 한다. 분별된 것으로 보면 결코 하나일 수 없지만 그 또한 전일체를 떠나 있는 것일 수 없으니 하나 되는 것이 아니라고 할 수도 없다. 해서 하나이면서 모든 것이며 모든 것이며 하나라고 하기도 하고, 하나 속에 모든 것이 있으며 모든 것 속에 하나 됨이 있다고도 한다. 이 모든 말들이 가리키는 것은 무상하다는 것에 수렴되고, 낱낱 존재자들을 성립시키는 존재가 없다는 무아 이론에 수렴된다.

무상한 현상은 있지만 그 현상을 존재하게 하거나 주재하는 내적 실체나 외적 실체가 없다는 뜻이다. 해서 '뭇 생명을 제도했지만 한 중생도 제도한 적이 없다'는 말이 성립된다. 사실이 이런데도 배휴는 다시 허물을 뒤집어쓰는 것을 머뭇거리지 않는다. '부처님께서는 중생을 제도하지 않았습니까?'라는 질문이 그것이다. 이에 대해 황벽 스님은 '진실로 여래께서 제도해야 할 중생은 없다'고 친절하게 답한다. 사실 이 문장에서도 진실, 여래, 제도, 중생, 없다 등 상상하는 앎을 배제하면 결코 이해될 수 없는 언어분별이 사용되고 있다. 분별 언어를 써서 분별을 여의게 하는 고육지책이다. 사실 부처님의 모든 법문이 그렇다. 오죽했으면 선종에서는 '부처님께서는 45년간 한 법도 설한 적이 없다'고까지 이야기하겠는가.

황벽 스님의 친절한 답이 이어진다. '나도 존재하지 않거늘 어찌 나 아닌 것(중생)이 존재할 수 있겠는가'라는 말씀이 그것이다. 사실 여기서 많이 헤맨다. 보고 듣고 만질 수 있는 '나'가 있는데, 너무나도 분명한 것 같은데, '나가 없다는 것'이 쉽게 이해되겠는가. 이 말이 뜻하는 것은 보는 사건이 일어나지만 실제로는 내가 보는 것이 아니라는 것이다. 허나 어쩌겠는가. '나'는 상상된 실재에 지나지 않는데. 상상이라는 말은 환상이라는 말과 크게 다르지 않다. 눈이 보는 것이라고 하면 꿈을 보는 것은 무엇인가. 보는 것이 마음이라는 말이 더 와닿지 않는가. 그렇지만, 곧 마음이 본다고 해도 눈만 감으면 보이지 않으니, 그런 것 같기도 하고 그렇지 않은 것 같기도 하다. '내가 본다는 것'도 말처럼 쉽게 사실을 가리킨다고 말하기 어렵다는 것이다. 일상도 이렇거든 '중생을 제도한다는 것은 상상에 상상을 더하는 일'인데, 어찌 성립되겠는가. 해도 배휴의 자비는 계속된다.

'부처님께서 삼십이상과 중생제도를 분명하게 보이셨거늘 어찌 없다고 하십니까?'라는 질문으로 다시 오물을 뒤집어쓰는 것을 마다하지 않는 것이 그것이다. 스승 황벽 스님을 통해 재천명하고자 한 것일 게다. 해서 황벽 스님께서도 경의 말씀을 인용해서 법문을 이어간다. 배휴, 그대는 보지 못했는가! 경에서 '모든 것들은 헤아릴 수 없는 연기적 관계를 통해서 그것으로 나타나는 것이지, 저 스스로 그렇게 나타난 것이 아니다. 그러나 우리가 보고 알 수 있는 것은 인연의 관계망보다는 분별상을 통해 보고 들리는 것일 뿐이다. 생겨나는 그것의 실제와 인식된 그것의 실제는 다르지만, 맞닥뜨리는 실제는 인식된 것으로 한정된다. 한정된다는 것은 인식된 것들을 우리가 소유하고 있다는 것이다. 그렇지만 그

왜 깨달음은 늘 한박자 늦을까

것들의 자성은 상상된 것들로 허망한 것이다'라고 했으며, '만약 상상된 것들이 실재한 것들이 아니라는 것을 안다면 여래를 볼 것이다'라고 한 것을.

　여기서도 조심해야 한다. 모든 분별상에 대한 집착이 사라진 것이 여래라는 뜻이지, 분별상이 사라지면 여래가 보인다고 생각하면 그 또한 새로운 환상을 만들고 만다는 점을. 이것이 뜻하는 것은 분별상에 집착하지 않는 봄과 들음 그 자체가 곧 여래라는 것이다. 부연하자면 사건·사물의 실재를 결정하는 본질이 있다는 상상의 터널을 벗어나면 보고 듣는 일 자체가 곧 여래가 현상한 것임을 깨닫게 된다는 것이다. 이 사실을 잊어서는 안 된다. 이와 같은 사유가 정견이며, 잊지 않는다는 뜻으로 보면 정념이 된다. 그대의 생각을 뒷받침하는 언어분별상에 따라 부처도 있고 중생도 있다고 여긴다면 허망한 견해에서 벗어날 길이 없다. 분별상을 토대로 사건·사물을 파악하는 의식을 넘어선 경험이 없으면 만들어진 지각상에 머물러 사건·사물을 왜곡할 뿐이다.

　이와 같은 사실은 몸과 마음의 흐름을 있는 그대로 잠시라도 지켜보면 쉽게 이해되지 않을까. 잠시도 쉬지 않는 마음 흐름을 보면 마음이 나의 것인지 묻지 않을 수 없으며, 조금만 불편한 느낌이 생겨나면 마음이 안절부절못하지 못한 것 또한 어느 상태도 두 찰나를 이어 같은 것으로 존재하지 않는다는 것을 알게 하므로. 사실 이와 같은 경험은 누구라도 하고 있으므로 특별한 것일 수도 없으며, 이와 같은 경험들을 소유하고 있는 '나'를 설정한 것 또한 특별한 일일 수도 없다. 앎의 특성이 그러하므로.

해서 의식을 사건·사물을 분별해서 아는 공능이라고 정의하기도 하고, 분별심이라고도 한다. 만일 분별심만 있다고 하면 깨달음이라는 말도 생겨나지 않았을 것이다. 분별하는 마음을 있는 그대로 알아차리는 무분별심이 있기에 깨달음이 가능하다는 뜻이다. 무분별심은 분별된 현상에 끄달리면 없는 것 같은 마음이나, 주의만 기울이면 언제나처럼 작용하고 있는 마음이다.

해서 무분별심을 본심이라고 이름하기도 한다. 이름하지 않으면 상상된 분별상을 가지고 사건·사물을 이해하는 의식의 주의를 끌 수가 없어 할 수 없이 그렇게 한다. 부처님과 조사 스님들의 설법을 '본심을 깨닫게 하는 방편'이라고 이름하는 까닭도 여기에 있다. 해도 본심을 깨닫기 전까지는 방편이 장애가 되기도 한다. 부처라는 분별상을 상상하면 그 상상이 도리어 부처인 중생으로 사는 데 장애가 된다는 것이다. 어찌 부처라는 상뿐이겠는가. 의식적으로 이해되는 모든 것들이 분별되고 상상된 것들인데. 해서 『금강경』에서는 아상·인상·중생상·수자상이 부처 되는 데 가장 큰 장애가 된다고 했다. 범부와 성인, 깨끗함과 더러움이라는 분별상이 생기는 순간이 부처와 등지는 순간이다. 한번 분별상이 일어나면 의식은 그것 따라 이리저리 헤매기 바쁘다. 누가 그렇게 하라고 시킨 것도 아닌데 그렇게 해야만 하는 듯이 이런저런 견해와 이유를 만들기 바쁘기에. 그리고 그렇게 만들어진 이유가 실현되어야 삶의 이유가 충족됐다고 여기지만, 얼마 가지 않는 충족감은 다시 의식을 다른 곳으로 이끌 수밖에 없다.

여기에는 다른 사람의 눈도 한몫한다. 자신의 의식도 한 곳에 멈추지 않듯 다른 사람의 의식도 그러하니 어찌 바쁘지 않겠는가. 가만히 생각해 보면 쉬는 데 가장 장애가 되는 것이 분별하는 의식일 수밖에 없다는 것을 알 수 있지만, 알아도 별로 소용이 없다. 해서 의식되지만 의식된 분별상을 토대로 생각하고 말하며 행동하기를 멈추는 연습이 필요하다. 쉬는 것도 연습이 필요하다는 뜻이다. 어쩌면 다른 무엇보다 필요한 것이라고 해야 하지 않을까. 연습이라고 말했지만 그 내용은 분별상이 일어나든 말든 그냥 내버려 두는 것이다. 의식의 지시를 따르지 않는 연습이다. 배우는 일을 하지 않는 것이다. 이것이 가장 큰 배움이다. 사람의 내부에서 계속해서 재잘거리고 있는 '습관대로 하세요'라는 말을 듣지 않는 연습이다 보니 실패할 확률이 높다. 연습한다는 측면에서는 인위적이지만 따르지 않는다는 데서는 인위적이지 않다. 무작위적으로 그냥 알아차리는 특성을 활성화하는 것과 같기 때문이다.

그곳에는 범인도 성인도 없고 깨끗하고 더러움도 없으며 크고 작음도 없고 번뇌도 없고 함도 없다. 그곳이라고 했지만 그곳이 있겠는가. 그냥 무심해지는 것이다. 그래야만 온전히 자신을 알고 껴안을 수 있으며, 다른 이들을 그 자체로 인정하는 데도 인색하지 않게 된다. 습관적으로 떠올리는 '나'가 없어지면 부처도 없고 중생도 없다는 것을 깨닫게 된다. 그렇게 되면 자신을 분칠하지 않았는데도 시절인연과 함께 변해가는 마음 작용이 일어난다. 그 마음이 시절인연을 장엄하는 것과 같으며, 시절인연이 마음을 빛나게 하는 것과 같다. 하니 몸과 마음을 분칠하는 것과 같은 배움을 그만두어야 한다. 배움을 매개하는 언어분별상이 상상된 환상과 같은데, 그것들을 갖고 있는들 언제 자신의 진면목을 볼 수 있겠는가.

분별상은 마음이 만든 상이지만 그것이 다시 의식에 붙

어 사건·사물을 그렇게 분별하게 만드니 분별 의식은 제 마음에 제가 속은 꼴에 지나지 않는다. 분별의 창을 내려놓지 못하면 속는 줄도 모르고 속는다는 뜻이다. 방편을 익혀야 이정표를 따라갈 수 있지만 방편을 내려놓아야만 이정표가 필요 없다는 것을 아니, 배운 것을 내려놓지 않으려는 이야기꾼과는 될 수 있는 대로 빨리 결별하는 것이 수다. 해서 가지고 있는 모든 분별상을 다 허망하다고 했으며, 분별상을 내려놓아야만 부처인 중생의 삶이 생겨난다고 했다. 그러기 위해서는 하나 남은 침상에 병들어 누워 있는 듯이 살아야 한다고까지 했다. 이전까지 만들어 갖고 있던 분별의 약이 더 이상 효력을 발생할 수 없다는 것을 알아야 그 약을 복용하지 않게 된다는 뜻이다. 온갖 분별상을 여의기 위해서는 큰 병을 앓아야 하니 통과의례라고 하기에는 쉽지 않은 관문이다. 만들어 갖고 있는 가치 있다는 모든 것들을 내려놓기 위해서는 크나큰 아픔이 따르지 않겠는가. 해도 할 수 없다. 제 삶을 제대로 살기 위해서는.

환상에 미련을 둔들 무슨 소용이 있겠는가. 하루빨리 결별해야만 하는 데도 지금까지 힘들어 모으고 지킨 노고가 아까워 버리지 못한 상태가 병 가운데 병이니, 아무것도 없는 것 같은 허무의 병상에서 일어서기까지는 어떤 분별도 없는 명함이 도리어 병에서 깨어나게 한다. 힘써 얻은 것이 도리어 사지를 묶고 있으니 병상으로는 이만한 것도 없으나, 묶은 것 또한 상상으로 만들어진 것이니, 여기서 벗어나기 위해서는 다른 기술이 필요하지도 않다. 그냥 환상인 줄 알면 된다. 얻어야 할 어떤 법도 없다는 것을 아는 순간 환상의 줄도 사라진다. 묶인 적도 없는 듯 사지가 멀쩡하다. 깨닫고 보면 오히려 허망하다. 허나 허망하지 않은 것 또한 없으니 인연 따라 허망을 벗 삼아 놀면 그만이다. 법도 버리라고 하지 않았던가. 법도 버려야 하거늘 법도 아닌 것을 지키려 한다는 것은 말이 되지 않는다. 삼계를 만들던 마음 곳간이 텅 빈 날 성인이니 범부니 하던 경계의 막도 사라지니 세간을 벗어난다는 말을 하기도 조심스럽다. 벗어나서 다른 세계로 가는 듯한 뉘앙스가 또다시 사지를 묶는 밧줄이 되기도 하므로.

오는 곳도 없지만 가는 곳도 없다. 본래부터 한 법도 없거늘 오고 가는 주체로서의 '나'가 있을 수 있겠는가. '나'가 없는 줄을 철두철미하게 알아야만 생사에 매이지 않는다. 이것이 마음 곳간이 비었다는 뜻이다. 비고 나면 마음이랄 것도 없어 무심이라고 부르기는 하나, 무심은 유심의 상대 말도 아니니 조심해서 써야 한다. 유심을 벗어나 무심에 이른다고 여기면 헛된 망상을 하나 만든 것에 지나지 않는다. 해서 분별심으로는 알 수 없다고 한다. 분별심에서는 유심 아니면 무심이니. 마음 곳간이 빈 것을 유심도 아니고 무심도 아니라고 할 수 있으나, 그렇게 말하면 유와 무를 상대하는 역유역무의 세계를 상정하는 것이 되고 만다. 다시 분별에 떨어졌다. 그냥 무심해지는 수밖에 없으나 그 일이 어찌 쉽겠는가.

해서 이런저런 법을 세워 분별심의 체면을 살린다. 이렇게 세워진 법을 외도라고 한다. 허공에 집을 지으려는 것과 같다. 우리들의 신념이 그렇다. 신념을 비우면 그만인 것을. 신념을 갖지 않으면 견딜 수 없어 다른 색깔의 신념으로 그곳을 메우면서 하루하루를 잘 살았다고 여기고 내일을 기대한다. 세워진 신념의 성이 신기루이지만 그것이 신기루가 아니라는 신념이 신기루를 굳건한 성으로 만든 것과 같으니, 마음을 비워 허공이 드러나게 한다는 것이 어찌 쉽겠는가. 신념이 사라지는 곳에 지금 여기의 제 삶이 드러나는 데도 그렇다. 신기루가 마음이 만든 차별상인 줄 깨닫게 되는 순간 온갖 차별이 사라진다. 차별의 경계막이 사라지는 것이 무심이 드러나는 순간이다.

무심이 드러나면 분별하여 차별하던 법도 사라지므로 무심법에는 차별이 없다. 경계가 사라진 마음이 원래부터 그러하듯 모든 것 또한 경계를 넘어 함께 공명하면서 제빛을 발산한다. 모든 것은 마음 빛이 투사된 것이니 그렇지 않으려야 그렇지 않을 수도 없다. 하려고 해서 그렇게 하는 것이 아니다. 저절로 그렇게 한다. 무심이 만든 비경이다. 마음이 이미 비었거늘 투사된 것들이 어찌 비지 않을 수 있겠는가. 비어 있기에 있는 그대로 공명할 수 있다. 모든 것들이 그렇다. 분별의 경계막이 사라졌으니 마음의 빛 하나하나가 온전히 온 세계에 가득하다. 온 세계에 가득한 모든 것들이 다 서로 다른 듯한 마음 빛이다. 이들 모두가 마음으로 보면 한가지고 공명하는 양상으로 보면 다 다르다. 해서 같은 것 같지만 같지도 않고, 다른 것 같지만 다른 것도 아니다.

실상이 이런데도 무심법을 경험하지 못하면 만들어진 환상을 바탕으로 온갖 차별을 당연시한다. 스스로 경계를 넘나드는 마음 그릇을 특정 형태와 크기로 규정하면서 채워지지 않는 허기를 채우려고 그릇을 키우려고 하는 것과 같다. 슬프지 않은가! 스스로 배고플 수밖에 없는 일상을 만들어 배고픈 슬픔을 나누고 있는 것이.

모든 것이 환상이라 그것 가운데는 얻을 것이 하나도 없거늘 얻을 수 없는 것을 얻으려 하면서 아파하는 이를 중생인 부처라고 한다면, 얻을 것이 없다는 것을 알아 어느 것도 취하려 하지 않는 이는 부처인 중생이다.

만법이 마음이 만든 환상인 줄 아는 것이 깨달음이요, 환상을 좇는 것이 어리석음이니, 부처님이 되는 위대한 깨달음은 오직 경계 없는 마음인 무심을 쓰는 것이다. 이를 위없는 바른 깨달음이라 이름하기는 했지만, 이 또한 특정 형태나 크기로 정해진 마음을 가리키는 것은 아니다. 해서 한마음이라고 한다. 한마음이란 데서 보면 마음의 빛이란 무슨 말이며, 크고 작다는 비교 또한 무슨 말인가. 빛도 있다고 할 수 없으니 승부는 말해 무엇하겠는가.

허공을 들여다보면 수많은 언어와 형상이 뒤섞여 있으면서도 혼란스럽지 않게 각기 다른 마음 빛을 현상하고 있다. 허공도 허공이 아니기에 가능한 일이다. 인연의 실상이 이렇거늘 부처가 어찌 형상 속에 있으면서 승자의 자태를 뽐낼 수 있으며, 아직 부처가 되지 못한 중생이라고 해서 진 삶을 살겠는가. 본래 부처상도 없고 중생상도 없거늘 승부를 가른다는 것은 애초부터 어불성설. 언어야 할 깨달음이라는 법도 없고 버려야 할 법도 없다. 해도 둔탁한 질문을 멈추기에는 무언가 미련이 있다.

'마음만으로 보면 형상이 없다고 할 수 있으나, 부처님의 삼십이상과 팔십종호 그리고 중생을 제도하는 일이 전무하다고 하십니까?'라는 질문이 그것이다.

경계 없는 마음이 세상을 창조한다고 하면서, 그 마음 밖에 다른 법이 없다는 것을 지치지도 않은 듯 이야기했지만, 실제로는 만들어진 환상에 속는 것도 마음이다. 마음이 병 주고 약 주는 격이다. 마음에 부처상이 만들어져야 부처가 보이고 중생상이 만들어져야 중생이 보인다. 마음이 환상을 만들지 못하면 헤매는 일밖에 없다. 이를 무지라고 한다. 마음이 만든 심상이 실재한다고 여기면서 보이고 들리는 대로 분별하고 차별하며 승부를 가리는 일을 가열차게 하면서 아파하는 마음이다. 실제로는 허공에 나타난 환상을 두 손으로 잡으려 하면서 잡히지 않는 현실에 한숨 짓는 일을 되풀이하는 것이다. 이를 무지의 소치라고 한다.

부처인 중생과 중생인 부처가 갈리는 지점이다. 부처는 그것이 마음이 만든 상이라는 것을 아는 반면, 중생은 그것이 마음 밖에 실재한다고 여기는 차이. 이 차이에 의해 같은 마음 세상에서 다른 마음 세상을 사는 것과 같다. 해서 황벽 스님께서 부처님의 말씀을 상기시킨다. '부처님께서 말씀하시지 않았는가. 그대의 마음이 만들어 갖고 있는 모든 심상이 다 허망한 것'이라는 말씀을. 사실이 이럴진대 부처님의 삼십이상이 어찌 실재하겠는가. 말 속에 이미 상이라는 말을

왜 깨달음은 늘 한박자 늦을까

쓰고 있지 않은가. 실제로는 이해된 형상만이 문제가 아니다. 모든 것들은 인연 따라 잠시도 머물지 않는데 어떤 형상으로 그 흐름을 잡을 수 있겠는가. 잡는 순간 이미 그것이 아닌데. 잡았다는 마음을 제하고 나면 잡힐 수 있는 것은 있을수 없는데. 팔십종호라고 하는 것 또한 여기를 벗어날 수 없다. 해서 부처님께서도 '형색으로 부처를 보고자 하거나 소리에서 부처를 찾고자 하는 일은 다 삿된 일에 빠진 자로서 결코 부처를 볼 수 없다'고 할 수밖에 없으셨겠지. 하니 배우고 익힌 상이 다 비워진 것과 같은 배움 없는 것이야말로 최상의 배움이라는 것을 잊지 말게.

6. 앎 그 자체를 알아차리는 불성과 현상을 좇는 지성

부처님께서 깨달은 연기법에 따르면 어떤 것도 저 스스로 그렇게 존재하는 것일 수 없고, 인연 따라 그렇게 나타나므로 두 찰나를 이어 동일한 것일 수도 없다. 조금 더 생각해 본다면 변해간다는 말이 성립되는 것 같지도 않다. 존재하는 것이 없는데 무엇이 변해간다는 말인가. 연기법을 체득하게 되는 순간 낱낱은 사라진다. 오직 연기법으로 하나 된 일심의 장만이 찰나마다 다른 모습으로 흐를 뿐이다. 흐름으로 보면 연속인 것 같으나 찰나마다 다른 것으로 보면 도약이다. 도약하는 흐름을 이루는 연기법망의 낱낱은 그 모습 그대로 연기법의 그물망을 전체적으로 드러내면서 낱낱 그물코로 상속과 도약을 이뤄낸다. 그물망 밖의 그물코가 없듯 낱낱도 그 모습 그대로 하나의 그물망을 이루기에. 해서 잊지 않아야 하는 것은 그물망 그 자체가 곧 일심의 장이라는 것이다. 마음은 앎으로 제 모습을 드러내므로 그물망 전체도 앎으로 제 일을 한다. 앎은 상속과 도약의 다름이 만들어 내는 이야기다.

마음을 허공에 비유하는 까닭도 여기에 있다. 마음을 챙기면 스스로 지금 무슨 생각을 하는 줄 안다. 온갖 생각이 그것을 알아차리는 마음 앞에서 일어났다 사라진다. 이때의 알아차리는 마음이 곧 허공 같은 마음이다. 일어나고 사라지는 마음 현상은 같지 않지만 그것을 알아차리는 마음은 언제나 한가지다. 사실 마음 현상도 앎이고 알아차리는 마음도 앎이다. 둘 다 작용하지 않으면 없는 것 같고 작용하면 홀연히 생겨난 것 같다. 이 또한 상속과 도약이다. 사실 그래야만 한다. 전후 찰나가 다르므로.

비우지 않으면 앎이 작용하지 않는다. 죽지 않는 것은 드러나지 않는 앎과 같다. 실제로는 작용하지 않은 적이 없지만 애써 주의를 기울이지 않으면 제 얼굴을 보여 주지 않으므로. 현상에 정신이 팔리면 결코 알 수 없는 마음. 여기에는 부처도 없고 중생도 없다. 부처의 앎은 앎 그 자체로 향해 있다면 중생의 앎은 현상으로 향한다는 데서 차이가 있는 듯할 뿐이다. 비우는 능력을 기르면 무상 속에서 영원을 산다. 밖을 향한 앎도 안을 향한 앎도 삶 속에서 함께 구현되므로 불성이 중생성과 다를 수 없고 중생성이 불성을 품지 않은 적도 없다. 다른 것 같지만 다를 수도 없고 같은 것 같지만 같을 수도 없다. 중생성을 떠난 불성이 없기에 불성도 불성으로 있는 것도 아니며 불성이 중생성을 품지 않은 적도 없기에 중생성도 중생성으로 존립하지 않는다.

늦가을 바람이 뼈에 스며들 때 봄바람의 따스함이 주는 위로를 느껴 아는 데에 부처와 중생의 차이가 있을까. 빈 마음에 바람이 스며들 때 홀연히 봄과 가을이 갈리나 그것을 아는 것은 다르다고 할 수 없듯 부처의 성품과 중생의 성품이 다른 것은 아니지만, 무심히 피고 지는 꽃들 속에서 아름다움과 무상함만을 벗한다면 같다고만 할 수도 없다. 피는 것도 한마음이고 지는 것도 한마음이다. 그것에 무심한 꽃들, 허나 부처 세상을 여는 데에 한 치도 어긋남이 없다. 어찌 꽃들뿐이겠는가. 삼라만상이 다 그렇다. 삼라만상이 손을 잡지 않으면 삼라만상도 있을 수 없지 않은가. 중생이 삼라만상과 손을 잡은 줄 알면 불성이 되고 손을 잡은 줄 모르면 중생성이 되나, 실상에서 말하면 불성도 중생성이란 말도 천리만리 어긋난 소식.

해도 분별하면서 살아온 시절이 하도 오래다 보니 일일이 짚어줘도 알 수 없는 경우가 많아 부처님께서도 45년간 설법하지 않을 수 없었을 것이고, 만나는 사람마다 서로 다른 삶을 살아왔기에 깨달은 분들마다 서로 다른 말씀을 하지 않을 수도 없었을 것이다. 해서 온갖 경전이 생겨났고 전해졌다.

이는 복이면서도 자칫하면 화가 되기도 하니 조심하고 조심해서 펼쳐야 한다. 이 모든 가르침이 마음 하나로 손잡은 세계를 이야기하고 있으나, 이야기에 한눈팔다 보면 제 마음을 잃게 되고, 마음 없는 이야기로 마음을 이야기하다 세월을 다 보내기도 하므로. 선종이 마음 하나를 종지로 삼는 까닭도 여기에 있다.

온갖 다름이 한마음으로 꿰어지니 다르다고 다른 것도 아니고 같다고 한 가지만을 고집할 수 없는 흐름으로 하나 아니겠는가. 이를 이름해서 불승이라고도 하고 일승이라고도 한다. 조사 스님들께서 이심전심으로 전하신 것 또한 이것이다. 앞의 마음과 뒤의 마음이 다르면서도 하나인데 무슨 인과가 있겠으며, 같음과 다름은 또 무엇인가. 여기에는 이승의 가르침과 삼승의 가르침이 있을 수 없다. 여러 부처님의 방편 언어를 실재로 여기는 우를 범하지 마라. 부처인 중생이 중생인 부처가 되는 길도 사방으로 펼쳐져 있으니 살피고 살필 일이다.

7. 구하지 않아야 한다

연기법으로 하나 된 세계가 곧 법신부처님이다. 해서 법신부처님의 크기를 이야기하면서 큰 것으로 보면 밖이 없으며, 작은 것으로 보면 안이 없다고 한다. 대승이라는 말도 실제로는 소승에 상대한 말이 아니다. 세계가 그대로 하나의 수레인데 어찌 작은 수레 큰 수레가 있겠는가. 이 세계를 부처님이라고 하는 뜻을 되새기고 되새겨야 한다. 세계 그 자체가 하나의 마음이라는 뜻이니까. 마음 하나하나가 세계를 건립할 수 있는 것도 여기에 있다. 하나의 떨림이 세계를 떨리게 하면서 하나의 세계가 탄생하므로.

세계는 늘 그렇게 변해간다. 나비의 날갯짓 하나로도 새로운 세계가 탄생한다. 뭇 생명 모두가 세계 속에 사는 것이 아니라 세계를 건립하면서 공명으로 함께 살아간다. 어찌 크고 작은 몸짓이 있을 수 있겠는가. 그 하나하나가 그 자체로

왜 깨달음은 늘 한박자 늦을까

하나의 세계가 되는데. 해서 대승인 세계를 온전히 살아가는 보살을 무변신 보살이라고 부르기도 한다. 수많은 보살 이름은 한마음인 세계가 펼치는 갖가지 떨림을 나타낸다고 해도 과언이 아니기에. 한쪽으로 치우치지 않는 한마음의 세계를 사는 분들의 이름이 펼쳐진 세계만큼 많기에 이름만큼 다양한 세계가 있으나, 그 세계가 다시 대승으로 하나다. 해서 배휴의 '왜 무변신 보살은 여래의 정수리를 볼 수 없습니까?'라는 질문에 대해 황벽 스님께서는 '무변신 보살이 곧 여래이기 때문에 볼 수 없다'라고 대답할 수밖에 없다.

못 생명의 마음 그 자체가 곧 대승이기 때문이다. 실상은 마음마다 대승여래이기에 보이는 것마다 여래인데, 어찌 여래의 정수리라고 할 것이 따로 있겠는가. 여기서 조심해야한다. '나도 여래다'라는 선언은 반드시 '너도 여래다'가 동반되어야 하기 때문이다. 그렇지 않다고 하면 여래의 자리에서 여래를 잃고 만다. 많은 이들이 여래됨을 잃은 까닭이 '너도 여래다'를 생각하기가 쉽지 않기도 하지만, 그렇게 생각했다고 해도 말과 행동이 뒤따르지 못하기 때문이다. 아픔은 그렇게 해서 생긴다. 자신의 삶 그 자체를 온전히 인정받지 못해서.

보는 것 자체가 온전히 여래의 행위인 줄 아는 이만이

치우침 없는 여래의 삶을 실현한다. 특정한 삶의 모습만이 여래인 줄 아는 것은 대승인 여래를 경험하지 못한 것이라 중생 밖에 여래가 있는 줄 알고 여래 밖에 중생이 있는 줄 안다. 이를 치우친 견해라고 한다. 중생에겐 여래가 없고 여래에겐 중생이 없다는 생각이 있음 또는 없음에 치우친 견해다. 어느 것도 그것이 될 수 있는 독자적인 실체가 없다. 그것이 맺고 있는 대승의 인연망에서만 어느 것도 그것이 된다. 대승의 인연망은 있고 없음을 스스로 그렇게 연출하고 있다.

없다고 해서 인연망 밖도 아니고, 있다고 해서 인연망과 다른 것도 아니다. 여기에는 부처와 중생도 있지만 부처성과 중생성은 없다. 없는 것에서 일체가 태어난다. 해서 없다는 말을 존재하지 않음으로서의 실재성을 갖는 것으로 여겨서는 안 된다. 인연망을 생각하지 않고 그것으로만 있음 또는 없음을 보는 견해가 치우친 견해일 수밖에 없는 까닭도 여기에 있다. 이를 삿된 견해라고 한다. 특정 형식과 생각만을 여래의 형색이나 생각이라고 보는 견해가 대표적이다.

이와 같은 생각을 떠난 이가 무변신 보살이다. 뭇 생명의 마음 작용 하나하나를 여래의 소리로 듣는 이며, 뭇 생명의 동작 하나하나를 여래의 표현으로 보는 이다. 그렇게 되면 생멸하는 것 같은 생명들의 마음 하나하나가 그 자체로

　왜 깨달음은 늘 한박자 늦을까

인연망이 되는 것을 깨닫게 되므로 생멸에서 생멸을 떠난다. 이를 참으로 여여한 있는 그대로의 마음인 진여심이라고 한다. 진여심에서 생멸하는 마음이 현상하고 현상한 마음 현상이 다시 진여의 마음으로 섭수되니, 진여심과 생멸심은 같은 것도 아니고 다른 것도 아니다. 해서 생멸심을 떠나 진여심을 보려 하는 것도 변견이 되고 만다.

범부가 성인과 다른 것은 아니지만 변견을 쓰고 있으면 범부가 되고, 변견이 사라지면 무변신 보살이 된다는 것이다. 변견에서 보면 온갖 것들은 잠시도 머묾 없이 생멸 속에 떠도는 것 같으나 변견을 떠나면 어떤 것도 변함없이 여여한 부처로서 한 모습이다. 이를 적멸, 곧 해탈이라고 한다. 삶의 실상이 이러하므로 마음을 떠나 부처와 도를 구하려는 이들을 외도라고 한다. 말 그대로 마음 밖에[外] 도道가 있다고 여기는 치우친 견해를 떨쳐내지 못한 이들이다. 나타나고 사라지는 현상에서 도를 구하고자 했다가는 이루는 일 없이 바쁘기만 하며 쉴 날이 없으나, 현상을 좇지 않으면 어느새 쉬고 있는 마음 그 자체가 되리니 바쁜 마음은 말할 것도 없고 쉰 마음조차 없어진다.

해서 적멸은 쉰 상태만을 뜻하는 것일 수 없다. 석가모니 부처님의 45년 설법이 그렇다. 적멸에서 보면 한 법도 설한 적이 없는 것과 같다는 것이다. 모든 것들의 실상 또한 그렇다. 어느 것도 인연망 그 자체의 적멸을 떠나 있지 않으니 한 번도 움직이지 않는 것과 같다는 것이다. 이를 여여하다고 한다. 인연망의 실상이 이러하니 어느 것인들 여래의 당처가 아니겠는가. 해도 여래인 줄 깨닫기 위해서는 한 번의 관점이동이 필요하기는 하다. 그러나 실제에서 보면 누구라도 미래불인 미륵불로 살고 있다고 해도 틀린 말이 아니다. 하나하나의 사건·사물을 보면 어느 것도 두 찰나를 이어 동일하지 않지만 그것들의 실상은 연기 공성이 실현하고 있는 근본 깨달음이라는 데서는 처음부터 변하는 주체로서의 어떤 것을 설정할 수 없기에. 연기 공성 그 자체는 변한다는 뜻이 성립되지 않으나, 곧 근본 깨달음에서 보면 생성과 소멸이란 말도 있을 수 없으나, 차이를 통해 사건·사물을 이해하는 일상의 분별심으로는 볼 수도 들을 수도 없으니, 현재 부처가 늘 미래 부처가 되고 만다.

　이와 같은 사실은 일상의식으로는 알 수 없다. 일상의 분별의식이 쉬어야 경험할 수 있다. 분별의식의 작용양상이 이것과 저것을 구분하는 경계면을 가진 듯한 판단이라고 할 수 있기 때문에 경계면에 사라진 듯한 선정의식인 무분별의 인지 상태를 경험해야 넘어설 수 있다는 것이다. 이와 같은 경험을 조심스럽게 여래의 정수리를 보았다고도 하지만, 실제 그와 같은 인지 상태에서는 보는 자와 보이는 것의 구분이 없으니, 보았다거나 들었다고 말하기도 어렵다. 일상과 다른 의식상태에서 보고 듣는 일이 일어나고 있는 선정의식도 있지만, 어떤 경우는 보고 듣는다고 말할 수 없는 선정의식도 있기 때문이다. 그렇게 되면 여래의 정수리를 보았다는 견해조차 세울 수 없다는 것을 안다. 모든 분별이 사라진 자리라고 할 수도 있고, 한 가지 모습이라 변한다는 말로 성립될 수 없지만, 경계 없는 하나의 울림이라고 할 수 있는 빈 마음의 울림이 모든 분별상을 만든다고 할 수도 있기에 비었다는 견해에도 빠지지 않게 된다.

채움으로 보는 것도 치우친 견해이지만 비움이라고만 하는 것도 변견이 된다는 뜻이다. 채운 마음도 실제로는 채워진 상태가 아니며 빈 마음 또한 텅 빈 상태가 아니다. 해서 할 수 없이 머묾 없는 마음을 쓰라고 했다. 성취한 것도 비워야 하므로 성취했다는 것에 머물면 치우친 견해에 떨어지고 말기에. 해서 성취했다고 할 수 있는 유일한 공능은 머물지 않는 일을 무위로 할 수 있는 의식의 힘이라고 할 수 있다. 일어나고 사라지는 현상에 끄달리지 않는 마음 씀이다. 이와 같은 마음 씀이어야 언제 어느 곳에서나 번뇌를 만들지 않는다. 앞서 말했듯이 이를 적멸이라고 이름한다. 적멸을 무위적으로 실현하는 신체가 부처님의 신체다. 해서 부처님의 몸을 무위라고 정의하기도 한다. 의식하지 않아도 머물지 않는 마음 씀, 곧 어느 것에도 집착하지 않는 마음 씀이 저절로 이루어지고 있는 몸이라는 뜻이다. 어쩌면 분별의식은 채움의 과정이고 무분별의 선정의식은 비움의 과정이 아닐까. 이 두 과정은 찰나를 이어 상호작용하면서 세계와 접속하고 있지만, 의식적으로 이 둘을 함께 경험할 수 없기에 채움을 지향하면 비움이 보이지 않고, 비움을 지향하면 채움이 사라지는 것은 아닐까.

해서 무위적으로 해탈의식이 작용하고 있는 부처의 무위를 셀 수 있는 범주를 벗어났다고 한다. 이해를 돕기 위해 광활한 허공과 같아 부족하지도 않고 넘치지도 않는다고 비유하기도 하지만 이 또한 분별의식의 영역이라 자칫하면 허공을 부처의 무위와 같다고 오인하기도 한다. 어쩌면 집착의 근거가 오인이라고 해도 지나친 말이 아닐 것 같다.

머묾 없는 마음을 쓴다는 것은 일어나고 사라지는 마음 현상에 끄달리지 않는 일이기에 분별의식을 쓰면서도 한가한 것과 다를 바가 없는 마음 씀이다.

그렇기에 특정 현상에 머물기만을 바란다면 바람과 어

왜 깨달음은 늘 한박자 늦을까

굿난 현재가 어느 틈에 부족한 자기를 만들고 말 것이기에 놓친 아쉬움이 충만한 제 모습을 대신할 것이다. 쉴 날은 언제일까. 놓친 아쉬움을 위해 이런저런 일을 쉬지 않고 한다고 해도 하면 할수록 번민만 길어질 것이니. 무사함을 좇으나 결코 무사하지 않는 일상이 이런저런 이유를 대면서 합리화를 시켜봐도 아득한 공허함. 쓸데없는 지식을 위해 지성을 부리는 듯해도 비움으로 쉬는 지성을 벗하지 못한다면 비울수록 충만해지는 그대의 불성은 바람에 흔들리는 쑥대의 신세. 아무도 원하지 않았는데도 누구나 원했던 것처럼 번뇌의 숲만 치우친 견해를 바탕으로 무성해지고, 그렇게 무성해진 숲에서 자란 새싹들도 평등하고 무사한 느낌을 받기가 하늘의 별 따기가 되겠지. 그리하여 제 삶의 모습 그대로가 부족하지 않은데도 불구하고 늘 부족한 것 같은 느낌만을 키운 것과 같아, 그곳을 채우려고 도 구하기를 가열차게 하려 하겠지만 그 또한 치우친 견해를 강화하는 것.

그렇지 않다고 강변해 보려 하겠지만 제 생각과 다른 일이 벌어지면 어떤 일이 일어나는지 그대 스스로 잘 알 것 아닌가. 하니 '알고 익혔으며 깨달아 해탈했다'는 그대의 도는 도대체 어떻게 된 것인가? 평등과 무사함은 그대의 도에서는 발현되지 않는 공능인지를 살피고 물어야 하지 않을까.

살피고 묻지 않게 되면 속는지도 모르면서 속을 수밖에 없다. 그렇게 되면 스스로 속는 것도 문제지만 다른 사람을 속일 수도 있어 뜻하지 않았는데도 거짓된 마음을 쓰는 것이 되고 만다. 그렇게 되는 까닭은 그대가 구했다는 진리가 차별적인 견해를 강화시킨다는 데 있다.

허니 마음을 써서 진리를 구하려 하지 말고 차별적인 견해를 쉬는 것이 중요하다. 어쩌면 달마대사가 양무제의 '그대는 누구인가'라는 물음에 '모른다'라고 했던 답을 상기해 보는 것이 도를 구하려는 마음이어야 하지 않을까. 당연하게도 너무나 당연하게도 가장 잘 알 것 같은 자기가 실제로는 알 수 없다는 것만큼이나 알고 있는 모든 견해가 치우친 것은 아닐까. 따지고 보면 견해라는 것 자체가 만들어진 것이 아닌가. 만들어졌다는 것은 상상된 것과 다르지 않으니 인연의 순간을 그렇게 상상하는 것은 어느 정도 효용성이 있다고 할 수 있지만, 하나의 상상이 다른 인연을 있는 그대로 보고 이해할 수 있다고 여긴다면, 시절인연과 동떨어진 알음알이만을 벗하려 할지니, 모르는 그대와는 언제 만날까.

해서 '불교의 견해나 불교 이외의 견해나 다 착오된 것이니, 불교의 길을 걷거나 마군의 길을 걷거나 잘못된 것은 매한가지'라는 말이 있겠지. 불교를 공부하는 것이 불교의 견해를 축적하는 것이어서는 부처의 삶을 지향하면서 중생인 부처로 살기로 자처하는 것과 다르지 않으니, 어찌 불교의 견해뿐이겠는가. 세상의 모든 견해가 그렇겠지. 인연의 순간들을 해석한 분별상을 가지고서 다음 인연을 해석하려 하지만, 그와 같은 견해가 어찌 시절인연과 온전히 상응할 수 있겠는가. 해서 '지혜롭고 지혜로운 문수보살께서 잠깐 차별적인 견해를 일으켰다가 쇠로 된 산속에 갇힌 꼴을 못 면했다'는 이야기도 있다. 아마 문수보살께서 진실된 지혜를 우선시하면서 보현보살의 방편을 가볍게 생각한 듯하다. 실상에서 보면 지혜와 방편은 한마음의 다른 모습이라고 할 수 있는데.

마음의 작용을 '아는 공능인 지성'과 '지성을 써서 축적된 지식' 그리고 '지식을 변주하는 비움'이 함께하는 알아차림이라고 할 수 있는데, 어느 한쪽을 중시하면 조화가 깨져 치우친 마음 쓰기가 시작된다. 지성만으로 보면 치우친다는 말을 할 수 없지만 지성의 작용은 지식으로 수렴되는 경향성이 강하므로 기억된 지식 내용이 치우치게 되면 결과적으로 지성의 기능 가운데 하나라고 할 수 있는 비움이 약해지면서 한쪽으로 치우친 시소마냥 쏠려 내려갈 수밖에 없기 때문이다. 이를 비유하면 바람에 나부끼는 쑥대처럼 갈팡질팡한다고 할 수 있다. 그렇게 되지 않기 위해서는 '지성으로 지식을 쌓는 공능'과 '인연 따라 쌓인 지식을 변주하는 비우는 공능'이 조화로워야 한다. 그래야 안팎에서 차별적인 견해가 자리 잡지 않게 되는데, 그렇게 되기 위해서는 지혜와 방편이 익어야 한다. 그래야 마음이 들뜨지 않으므로.

이와 같은 마음 씀이 머물지 않는 마음이다. 마음이 삼계를 만들기도 하지만, 삼계를 벗어나는 것도 마음이다. 해서 방편과 지혜는 대치되는 것이 아니다. 지혜가 뒷받침되지 않는 방편도, 방편 없는 지혜도 제 역할을 못한다. 둘인 듯 하나이기에 오직 한마음이라고 한다. 삼계를 만들면 중생의 삶이 펼쳐지고 삼계를 벗어나면 부처의 삶이 펼쳐지나, 그 세계가 오직 마음이라는 데서는 다를 것이 없다. 해서 마음 밖에 중생의 삶과 부처의 삶이 따로 있다는 견해를 갖고 있다면 바람에 흔들리는 쑥대 꼴을 면할 수 없다. 그렇긴 해도 마음 작용의 특성을 개개인의 선택적 의지라고만 축소할 수는 없다. 일어나고 사라지는 현상과 그 내용도 연기적인 사건이기 때문이다. 어쩌면 개인 업인 별업보다는 공유의 업인 공업이 더 큰 영향을 행사하고 있다고 해야 하지 않을까. 치우친 견해 또한 그렇게 형성되지 않았다고 할 수 있을까.

사실 '삼계가 마음이다'라는 말처럼 '삼계를 소중히 하세요'라는 의미를 도출해내는 말도 없다. 이미 제 마음이면서 공유된 마음의 장인데 다시 욕탐을 부릴 일이 있을까만, 욕탐이 다시 자신과 공유의 세상을 욕탐으로 물들이니, 욕탐 밖을 사유하고자 하거든 쉴 수밖에 없다는 것을 사무치게 알아야 한다.

자기 세상에서 편히 쉬고자 하거든 자기가 만든 세상도 쉬게 해야 한다는 것이다. 자기 세상이면서 공유의 세상이니 자신만의 견해로 공유의 세상을 색칠하려 해서는 뒤섞인 색깔에 의해서 자신의 세계조차 제대로 살 수 없기에. 해서 온갖 견해의 생성과 소멸을 있는 그대로 살피지 않는다고 하면 일어나는 마음마다 제 앞길을 가로막는 장애가 되고 만다. 그렇게 되면 입만 열면 어긋나게 되고, 그 일이 고착되면 쇠로 된 산속에 갇힌 꼴이 되고 만다. 슬픈 일이다. 지식을 쌓는 일이 중요하기는 해도, 쌓다 보면 쌓인 무게에 짓눌려 비우면서 되어 가는 지성의 역할이 없어진 것과 같아 가열차게 짓눌린 삶을 살 수밖에 없는 것이. 그렇게 되면 인연과 수순할 수 있는 힘을 잃고 만다.

인연과 수순하는 지성의 공능을 불성이라 할 수 있는데, 다시 말하면 인연의 흐름을 있는 그대로 깨닫는 공능이기에 불성이라고 할 수 있는데, 그 일을 제대로 하기 위해서는 쌓인 지식을 비울 수 있는 힘이 발현되어야 한다. 쌓인 무게가 커지면 그렇게 할 수 없기 때문이다.

부처님과 여러 조사 스님들께서 말씀하시지 않았는가. 뭇 생명의 마음 활동 그 자체가 본래부터 지성이므로 닦아서 지성을 이룬다는 말이 성립될 수 없다는 것을. 이것을 체득하기 위해서는 마음 활동 하나하나가 무심을 바탕으로 이루어지고 있다는 것을 깨달아야 한다. 그렇게 되어야 지성을 불성이라고 부를 수 있고, 부처를 이룬다는 말도 성립될 수 있다. 그렇다고 해서 중생이 부처가 되는 것이 아니라 중생인 부처가 부처인 중생인 줄을 비로소 알게 된 것과 같다. 깨닫고서 부처가 됐다고 할 수 있지만 실제로는 본래부터 부처였다는 것을 확인한 것이 깨달음의 내용이라는 뜻이다. 해서 이룰 부처도 없고, 점진적인 수행으로 얻게 되는 결과도 없고, 지성 그 자체로 보면 무명과 깨달음도 말할 수 없다. 지성 그 자체는 밝음이라거나 어두움이라고 할 수 없으므로, 밝음이나 어두움으로 보는 것 자체가 치우친 견해다.

해서 『반야심경』에서는 '무명도 없고 무명이 다함도 없다'고 이야기하고 있다. 이 말은 부처 되기를 배운다는 것은 이미 부처임을 안다는 것을 이야기하고 있는 것과 같다.

제각기 다른 얼굴의 부처님, 제각기 다른 생각을 하는

왜 깨달음은 늘 한박자 늦을까

부처님. 해도 스스로가 부처 되는 길은 다른 이들의 얼굴과 생각이 부처님의 얼굴이며 부처님의 법문인 줄 알 때만 열리니, 이야기로만 보면 쉽지만 막상 부처로 살기는 쉽지 않다. 해서 간절히 살피고 살펴야 한다. 부처로 대접받기를 원하는지 아니면 부처로 대접하고 있는지를. 살펴보면 스스로도 그렇고 다른 이들도 그렇게 부처 같지 않은데 의심 없이 받아들인다는 것이 어찌 쉽겠는가. 간절한 의지가 있어야 한다. 형색에 치우쳐서도 안 되고 말에 속지도 않을. 그냥 뭇 생명이 이룬 생명계 그 자체가 법신부처님이고, 낱낱은 법신부처님의 터전에서 부처로 살고 있다는 것을 사무치게 알아야 한다. 이것은 믿는 것을 넘어서는 일이다. 왜냐하면 세계 그 자체가 법신부처님임을 알고, 일어나고 사라지는 사건들이 부처님의 법문임을 깨닫게 되면, 부처니 법문이니 하는 견해조차 사라지기 때문이다. 그와 같은 견해 자체가 치우친 견해일 뿐이기에.

해서 부처와 부처님의 법문조차 비운 이를 진정한 출가 승려라고 할 수 있다. 이들을 무위승려라고 부르기도 하는데, 그 이유는 모든 견해를 다 비워 내는 공능이 체화됐기 때문이다. 그렇게 되어야 비로소 온전히 자유롭다고 말할 수 있지만, 여기서 말하는 자유란 제 뜻대로 하는데도 그것이 인연의 흐름과 어긋남이 없게 됐다는 것을 뜻하므로 착각하면 안 된다. 해서 비움이 체화된 수행자를 부처님과 법문과 수행이 일체됐다고 하여 일체삼보一體三寶라고도 부른다.

무릇 진리를 구하는 자는 다 그래야 하지 않을까. 진리의 담지자라는 부처를 구해서도 안 되고, 진리의 말이라는 부처님의 법문을 구해서도 안 되고, 진리를 구한다고 애쓰는 수행자를 구해서도 안 된다는 것을 잊지 않는 것 말일세. 사실 이 말도 맞지 않는 것 같다. 마음에 담아둘 만도 하지만 담아두고 보면 그 또한 제 역할을 하려 하면서 자신을 구하게 하는 일을 멈추지 않을 것이기에. 해도 어쩌겠어. 어쨌든 '아무것도 구하지 않아야 한다'는 말을 하기는 해야 하니. 왜냐하면 부처를 구하지 않아야 부처가 따로 없는 줄 알고, 법문을 구하지 않아야 흐르는 사건이 들려주는 법문을 들을 수 있고, 수행자를 구하지 않아야 누구라도 함께 수행을 하고 있다는 것을 알 수 있기 때문에.

8. 알고 모른다는 헛소리

사실 법을 구하지 말아야 한다는 것 또한 하나의 법문이니, 배휴 거사가 나설 수밖에 없다. '스님께서는 지금 법을 설하고 계시는데 어찌 승도 없고 법도 없다고 하십니까?'라는 질문이 그것이다. 사실 이 말은 말 그 자체로 보면 모순인 것 같지만, '구한다'는 것에 초점을 맞춘다면 꼭 그런 것만도 아니다. 구한다는 것은 지금 여기의 충만함을 모르고서, 마음 밖에서 무언가를 갈구하는 것이라고 할 수 있는데, 그렇게 되면 스스로 부족한 마음 현상을 만드는 것과 같기 때문이다.

마음 그 자체는 넘치지도 부족하지도 않다. 넘치고 부족하다고 보는 것은 마음이 곧 대승인 줄 모르는 데서 나오는 생각이다. 인연의 관계망을 극히 제한적으로 해석할 때만 그렇게 생각할 수 있다. 이는 비교되는 마음 현상으로 대승인 마음을 규정한 것과 같은데, 거꾸로 된 생각일 뿐이다. 생각된 것이 마음에 속한 것이긴 하지만 마음 그 자체는 그 생각으로 규정될 수가 없다. 마음이라는 말을 하고 있지만, 그 말에 맞는 마음을 찾으려 한다면 찾을 수 없기에. 해서 황벽 스님께서도 무심을 강조한다. 그렇다고 '마음도 없다'는 것을 '있음'에 상대되는 '없음'이라고 생각해서도 안 된다. 늘 이야기했듯 대승 그 자체인 마음은 인연의 관계망이 펼치고 있는 지성 작용이다. 비우면서 새로운 인연 현상을 드러내고, 드러난 그것이 곧 대승의 마음 작용이므로, 낱낱 현상 그것이면서 시절인연을 통째로 드러낸다. 여기에 어찌 부족한 것이 있을 수 있겠는가.

구하는 것은 인연을 부족한 것으로 만들어 부족함을 채우려 허덕이게 한다. 법을 구하면 법에 허덕이게 되고, 수행해서 찾으려 하면 수행하는 만큼 부족함도 커져간다. 그렇게 되면 있는 자리에서 부처인 중생은 중생인 부처가 된다. 마음과 부처와 중생은 한 치도 어긋남이 없기에, 마음이 펼쳐내는 세계인 형상과 언어를 좇는다는 것은 마음이 중생으로 현상하는 것과 같기 때문이며, 마음 그 자체를 반조한다면 마음이 부처를 현상하는 것과 같기 때문이다.

마음과 부처와 중생이 아무런 차별이 없지만, 중생인 부처는 스스로 울타리를 치면서 비교되는 중생 세계를 살고, 부처인 중생은 울타리가 본래 없다는 것을 알아 생명 현상 하나하나를 대승의 작용인 줄 아는 깨어난 불성으로 산다.

불성으로 산다는 것은 주는 바 없이 주고, 받는 바 없이 받는 일이다. 마음 작용 하나하나가 대승이니 그렇지 않겠는 가. 해서 특정 형상이나 언어를 대승의 도라고 여기면 대승 과 멀어진다. 어떤 것도 그것 자체로 대승이며 그것이다. 더 하고 뺄 것이 없다. 주고받는 바 없이 주고받는 인연망이 곧 대승이므로. 해서 설명할 수 있는 법이 있다고 여긴다면 언 어상이 부처를 대신할 수 있다고 여기는 것과 같은데, 이것 이 어찌 가당키나 하겠는가. 언어상은 분별되고 차별되는 것 을 가리키고 있거늘. 언어상으로 자신을 보려 하는 것이 부 처인 중생이 중생인 부처로 사는 길이다. 저 스스로 만든 울 타리 속에 자신을 가두는 일을 하면서 울타리 밖을 나가려 하지만 울타리를 만드는 기술을 내려놓지 못하면 나갈 때가 오기는 할까.

그대가 구하는 법 또한 그렇다. 법을 구하면서 마음 법 조차 만들어진 법 속에 넣는 일을 열심히 하니 제 마음도 제 마음이 되지 못한다. 해서 법 구하는 마음 현상이 머물지 않 게 해야 한다. 그렇게 되면 법 또한 '법 없음'인 줄 알게 되고,

그와 같은 앎이 현상하면 밖을 좇지 않고 반조하는 공능이 힘을 얻게 되면서 찾으려는 법이 곧 마음인 줄 알게 된다. 그런데 그 마음은 법이 아니다. 법은 의식되는 것인데, 마음이 곧 의식이라고 할 수 없을 뿐만 아니라 의식되는 것은 모두 마음이 만든 상이라고 할 수 있으니, 상은 있는 것 같으나 그 바탕이 환상과 같아, 법을 구하는 것이 환상을 구하는 일이 되고 말기 때문이다. 결코 구해질 수 있는 법은 없다. 하니 법 구하는 마음이 사라진 무심이야말로 마음이면서 법이고 법 없음이다.

해서 조사 스님께서는 이렇게 말씀하셨다. '마음이라고도 할 수 없는 마음 법을 부촉한다고 하는데, 부촉하고 부촉받은 법은 애초부터 무슨 법인가, 법도 없고 본마음도 없거늘, 없는 줄 알아야 비로소 마음과 마음이 만든 온갖 법의 실상을 엿볼 수 있다'고.

마음이 만든 상은 어느 것이든 허상이다. 실재하지 않는다. 어떤 노력을 기울여도 얻을 수 없다. 해서 가장 위대한 노력은 얻으려는 일을 쉬는 것이라고 할 수 있다. 마음을 쉬는 것, 곧 상상된 허구를 좇지 않는 것이야말로 자신의 자리를 도의 자리로 만드는 것과 같다. 만든다고 했지만 실제로는 인연의 흐름에 수순하는 것이다. 도라는 말 자체가 인연이

왜 깨달음은 늘 한박자 늦을까

흐르는 길이란 뜻이 아닌가. 해서 모퉁이만 돌아가도 도의 모습이 달라진다. 도라고 하지만 현상하는 도는 인연이 모여 만들어진 것이면서 다음 모퉁이를 제 인연으로 맞이하기 위해 앞의 모습을 지우는 것이다. 달라지면서 흐르는 길을 도라고 이름했지만, 흐름을 잊게 되면 있는 도도 찾을 수 없다. 이름에 빠지면 그렇게 된다.

이름을 이으면 하나의 말길이 생기나 그것도 이름만큼 상상된 길이다. 해도 힘이 세다. 한 번 만든 허구의 길이 있는 길을 지우면서 환상에 빠져 살게 하는 것이 어디 한두 해였던가. 이를 고정된 견해라고 한다. 앞의 모퉁이에서는 어느 정도 효용이 있었겠지만, 그때뿐인 알음알이다. 만들어진 언어상이 환상인 줄도 알아야 하고, 흐르는 인연 또한 한 모습으로 머물지 않는다는 것도 알아야 한다. 제 모습으로 인연을 현상하지만 그것은 실체를 갖지 않는 현상이다. 이를 비었다고 이야기한다.

비었지만, 비었다는 언어상에도 머물지 않는다. 인연에 수순하면서 온갖 법을 연출한다. 해서 언어상에 대응하는 모든 것들은 실재하는 듯하지만 분별될 수 있는 실체가 내부에 똬리를 틀고 있다고 여겨서는 안 된다고 한다. 그렇게 되면 봄이 없어진다. 겨울 인연이 제자리를 지키는 실재라고 한다면 봄의 인연이 어떻게 열리겠는가. 봄이 오는 것도 봄이 온 줄 아는 것도 봄이다. 현상하는 모든 것이 다 어제에 머물지 않는 비움의 공능으로 오늘을 채우고 비워 갈 뿐이다.

해서 비움은 실제로 한 번도 빈 적이 없다. 비우면서 채우고 채우면서 비우니, 비움과 채움이라는 말은 있지만 이 가운데 어느 것도 인연 흐름의 실상을 온전히 드러내는 말일 수 없다. 할 수 없어 공여래장이라고 하지만, 이 말 또한 형용모순이다. 빔이 여래장도 아니고 비워 가는 것도 여래장이 아니지 않는가. 비었다면 여래가 함장되어 있다는 말이 형용모순일 것이고, 비워 가는 것이 여래장이라면 여래가 함장된 상태는 아니지 않는가. 드러나는 인연의 모습마다가 그 자체로 여래의 모습이라고 해도 말의 한계에서는 제 꽃을 살펴 알기가 쉽지 않다. 하여 육조 스님께서는 '본래부터 한 물건도 없거늘, 번뇌로 물들 곳은 어디인가?'라고 말씀하셨겠지. 그대는 이 뜻을 알겠는가. 알았다고 해도 맞지 않고 몰랐다고 해도 맞지 않다. 오직 머묾 없는 인연에 수순할 뿐.

왜 깨달음은 늘 한박자 늦을까

9. 분별상은 어디에 머무는가

일어나고 사라지는 사건·사물들은 상호의존하는 관계망이 펼쳐내는 환상이다. 어떤 것도 관계망을 떠나 독립적으로 존립할 수 없다. 일어나면 있는 것 같고 사라지면 없는 것 같지만, 실상은 관계망 전체의 변화만 흐를 뿐이므로, 일어난 것도 전체요 사라진 것도 전체라 흐른다고도 말할 수 없다. 하여 궁극에서 보면 일어나고 사라졌다고도 할 수 없다.

　보리수는 있는 것 같지만 그 또한 의존체에 지나지 않기에, 곧 의존 관계를 배제하면 보리수가 있을 수 없기에 육조 혜능 스님께서도 몸을 상징한다는 보리수도 본래 없으며, 마음을 상징한다는 명경대도 틀 지을 수 있는 것이 아니라고 했다. 몸이니 마음이니 하는 것이 그것으로 존재하지 않는다는 뜻이다. 몸도 마음도 상호의존하는 관계망에서만이 몸인 듯 마음인 듯 그렇게 있다는 것이다. 보고 안다고 그것이 곧

바른 앎일 수 없는 까닭도 여기에 있다.

　보고 안 것의 의존 관계를 통찰하는 지혜가 필요하다. 해서 배휴 거사는 '본래부터 한 물건도 없다고 한다면 한 물건도 없다는 사유 또한 그릇된 것이 아니겠습니까?'라고 물을 수밖에 없었다. 사건·사물을 보고 듣는 것 같으나 실상은 그렇게 사유된 것을 보고 듣는 것이기 때문에, '한 물건도 없다'는 사유의 내용을 보면 실제로는 없는 것이 하나의 사건으로 있다고 아는 것과 다르지 않다는 것이다. 다시 말하면 '한 물건도 없다'고 할 때의 없음이 '있음'과 상대되는 '없음'이 아니라 실제로는 '없음'이 '있음'과 다른 상태로 있다고 여긴다는 것이다.

　해서 황벽 스님께서는 없다고 해도 옳지 않다고 말씀하셨다. 상호작용하는 의존 관계가 바뀌면 있는 듯한 것이 사라지고 없던 것이 홀연히 생겨나면서 있음과 없음을 연출하기에, 있음과 없음 또한 의존 관계가 펼쳐내는 환상이라는 것이다. 환상이지만 그것만이 실제니 아쉬워할 필요도 없다. 인연의 관계망이 있음과 없음을 연출하는 공능이 곧 머물지 않는 앎이다. 이를 보리, 곧 지혜라고 한다. 해서 분별상을 내려놓으라고 한다. 분별상이 쉬게 되면 현상한 인연인 몸과 마음이 무위로 지혜를 펼치게 되므로. 모든 분별상은 마음이 만든 것이지 않은가.

'있음'과 '없음' 또한 그렇다. 인연 흐름의 실재와 분별상인 환상이 겹쳐지면서 지식이 형성되고, 그 지식 내용이 다시 분별상을 만드는 원천이 되면서, 머물지 않는 인연의 흐름이 머무는 분별상이 되어 인연과 어긋난 의식적인 앎의 작용이 지속된다. 하지만 그 내용으로 보면 인연의 실상을 가리는 역할을 하는 경우가 대부분이다. 거친 의식으로는 결코 분별없는 인연의 실상을 알 수 없기 때문이다. 해서 인연의 공성을 아는 것을 바른 사유라고 한다.

일상의식과 다르게 펼쳐지고 있는 선정의식 상태에서의 분별상과 그와 같은 분별상조차 넘어선 무분별의 선정 경험이 분별상에 대한 이해를 새롭게 하면서, 의식되는 분별상을 다르게 이해하는 사유가 형성되기 때문이다. 이 또한 머물지 않는 인연 흐름의 한 모습이다.

하나하나의 사건은 함께 되어가는 사건이면서 함께한 인연의 흐름에 새로운 만남을 이어간다. 어느 것도 그것만으로 시공을 점유하지 않는다. 해서 깨달음은 특정 상태에 머무는 것이 아니다. 몸이 깨달음을 상징하는 나무가 아니라는 뜻이다. 몸도 마음도 인연의 한 모습이며, 인연의 흐름과 함께한다. 분별상이 머물 수 있는 공간은 본래부터 없다. 분별상이 실재를 대변하지 않기에. 인연의 흐름은 분별상을 만들면서 해체하고, 해체하는 동시에 새로운 분별상을 만드니, 어떤 사건·사물도 있으면서 동시에 없다. 이 또한 선정 수행과 지혜 수행에 의해 알 수 있다.

사실 사유되지 않는 것은 있다거나 없다는 술어조차 들어설 자리가 없다. 해서 있다는 것과 없다는 것을 잘 살펴보는 안목이 사건·사물의 흐름을 제대로 아는 것이라고 할 수 있다. 인연이라는 언어상이 만들어져야 그를 통해 본래무일물이라는 뜻도 알 수 있게 되니, 지혜에 머물러서도 안 되지만 지혜로서 알 수 없는 것이 없는 것도 아니다. 살피고 살필 일이다.

왜 깨달음은 늘 한박자 늦을까

10. 찾을 필요조차 없는 부처인 마음

배휴 거사의 물음, '부처란 무엇입니까?'. 사실 이 질문은 성립되는 듯하지만 인연의 모임을 제외하곤 '나란 없다'는 부처님의 말씀을 상기해 보면 애초부터 성립되는 질문도 아니다. 지금까지 말해 왔지 않은가. 모든 것은 마음이 만든 그림자라고. 이 말이 뜻하는 것은 그림자를 좇을 것이 아니라 곧바로 마음을 아는 것이 수행의 요체라는 것이다. 해도 분별상을 매개하지 않으면 마음을 엿볼 수조차 없기에 분별상을 좇아가지 않는 연습이 필요하다고 말한다.

그렇기는 해도 연습의 필요성을 느끼기조차 쉬운 상황이 아니다. 환상과 실재가 겹쳐 있는 것과 같은 것이 현실이므로 환상을 배격하기가 생각처럼 쉽지 않기도 하고, 환상을 걷어낸다고 해서 실재가 드러나는 것도 아니기에. 실제로는 환상마다 자신의 모습이야말로 실재라고 이야기하는 것과 같다고 할 수 있다. 분별상을 만드는 것도 분별상이 사라지는 것도 마음 현상의 한 모습이고, 이 모습을 떠나서는 만날 수 있는 세계도 없으므로. 하니, 마음이기도 하고 중생이기도 하고 부처이기도 한 세계만이 세계의 실제를 말해 준다고 해야 하지 않을까.

해서 황벽 스님께서도 '그대 마음이 부처다'라고 말씀하실 수밖에 없었을 것이다. 해도 이 말에 들떠서는 안 된다. '마음이 중생이다'라는 말도 성립되므로. 더구나 마음 또한 인연의 한 모습이지 않은가. 이 말은 마음을 부리는 주인이 따로 없으니, 마음을 길들인다는 일이 가당치 않다는 것을 뜻하는 것 같기도 하고. 매일매일 경험하고 있지 않은가. 불쑥 튀어나오는 생각과 말과 행동이 스스로를 괴롭히고 함께하는 이들도 괴롭게 느끼게 한다는 것을.

그렇다고 해도 곧, 분별상을 좇지 않기가 어렵기는 해도(분별상을 좇는다는 것은 분별상에 의해 느낌 등이 널뛰기를 한다는 뜻이다), 분별상을 알아차리기만 하는 마음 작용도 있으므로, 이 작용을 극대화시키는 연습이 이루어지게 되면 분별상을 좇아 널뛰기를 하지 않을 수 있다. 분별상을 아는 마음도 부처고 분별상을 좇지 않는 마음도 부처다. 여기서 중요한 것은 부처가 마음의 주인이 아니라는 것이다. 마음이 부처라는

왜 깨달음은 늘 한박자 늦을까

뜻은 부처인 중생으로 작용하는 마음이나 중생인 부처로 작용하는 마음이나 그 내용에서는 다른 듯하지만, 안다는 측면에서는 다른 것도 없다는 뜻이다. 알다시피 한쪽은 알면서 괴로워하고 한쪽은 알면서 괴로워하지 않는 차이가 있을 뿐이다.

어느 것도 마음이 만드니 기대하면서 기대가 충족되지 않은 것을 괴로워하는 것도 현상으로 보면 부처가 아닌 것 같지만, 마음 밖에 부처가 따로 없으니 이 또한 부처인 마음일 수밖에 없지 않은가. 아쉽고도 아쉬운 일이지만 어쩔 수 없다. 오직 한마음의 작용밖에 없기에. 마음이 곧 부처라고 할 때의 '곧'이라는 말은 마음과 부처를 잇는 것으로서의 '곧'이 아니다. 이 말은 마음과 부처가 한 치의 어긋남이 없다는 것을 가리킨다.

해서 마음과 부처가 다르지 않다는 말은 마음 그 자체가 부처라는 뜻을 나타내기에는 부족하다. 황벽 스님께서 '다르지 않다'는 설명 뒤에 '마음을 떠나서 별다른 부처가 없다'는 말씀을 더한 까닭도 여기에 있다. 해도 마음이 부처로 현상하지 않는 것이 일상의 마음이니 마음 밖에 부처가 있는 것 같기도 할 것이다. 배휴 거사의 질문이 필요해진 순간이다. '마음 마음이 부처라면 달마 스님께서 굳이 중국까지 와서 이 뜻을 전할 필요가 있었을까요'라는 질문이 그것이다. 말인즉 그렇지만 실상 누구도 자신의 마음 그 자체가 보배인 줄 알지 못하면 마음 밖에서 보배 찾기를 멈추지 못하리니 끝없는 방황은 덤으로 얻은 정도를 벗어난다. 찾는 노력이 가상하다고 해도 결코 찾을 수 없으니 아픈 노력이기도 하고. 흔하고 흔한 것이라 그것이 보배라고 믿기도 어렵고. 믿기도 깨닫기도 어려운 까닭도, 찾을 필요조차 없이 흔한 것이기 때문 아니겠는가.

사실 돌이켜보면 마음 씀만이 보배로 대접받지 못한 것이 아니다. 흔한 것은 다 그와 같은 대접을 받는다. 그것 없이 한순간도 살 수 없으면서. 해서 달마 스님의 말씀인 마음이 곧 부처라는 말이 대접을 받기까지는 오랜 세월이 필요했다. 당대에서는 혜가 스님 혼자만이 알아들었던 까닭도 여기에 있다. 석가모니 부처님의 마음과 중생인 부처의 마음이 다른 것이 아니라는 말은 듣기로는 그럴듯하지만, 중생인 부처들의 마음 씀을 살펴보면 '그 말이 가당키나 하겠는가'라는 것이 더 가슴에 와닿지 않는가. 마음이 바뀌어야 부처의 마음이 현상된다는 말이 훨씬 맞는 말인 것 같기도 하고.

해서 달마 스님의 말이 자다 봉창 뜯는 소리로 들릴 수밖에 없겠지만, 종국에는 '그대 마음이 중생이고 부처다'라

왜 깨달음은 늘 한박자 늦을까

는 말이 부처님의 가르침이면서 선의 요체를 있는 그대로 전하고 있다는 것을 알 것이다. 이미 많은 수행자들에게는 이 말이 드러난 비밀이지 않는가. 할아버지들의 마음과 손자들의 마음이 다르지 않다는 뜻으로 선을 할아버지[祖師]들의 가르침[禪]이라고 해서 조사선이라고 이름한 까닭도 여기에 있다. 그러므로 그대가 할아버지 마음과 손자의 마음이 다르지 않다는 뜻을 있는 그대로 알게 된다면 마음의 색깔을 바꿔야만 부처가 된다는 것이 마음의 실상을 가리키지 못한다는 것을 알 것이며, 한 번 그렇게 알게 되면 다시는 마음 밖으로 부처의 마음을 찾아 헤매지 않을 것이다.

이와 같은 앎은 점진적으로 형성되는 앎이 아니다. 마음이 곧 부처인 줄 알지 못한 상태에서 마음이 곧 부처라고 아는 찰나의 전환이 있을 뿐이다. 이를 돈오라고 한다. 해서 선은 모든 점진적인 가르침을 뛰어넘는 가르침이라고 한다. 점진적인 가르침이 소용없는 것은 아니지만 궁극에는 '마음이 곧 부처'라는 앎의 전환만이 점진적인 수행을 의미 있게 만든다고 할 수 있으므로. 이 말은 점진적인 수행을 통해 부처의 마음이 현상하는 것이 아니라는 뜻이다.

선종에서 '본래 부처님'이라는 뜻을 강조하는 까닭도 여기에 있다. 해도 '마음이 곧 부처'라는 것을 깨달은 앎의 전환을 통과하지 못하면 본래부터 중생인 것처럼 살게 된다. 깨달음이라는 찰나의 도약을 통해 중생인 부처의 삶에서 부처인 중생의 삶으로의 전환이 일어난다. 이를 돈수라고 한다. 인지의 전환이 삶의 전환을 완성시킨다는 뜻이다.

앎과 함은 말처럼 둘이 아니다. 앎과 함의 온전한 전환이 있거나 없을 뿐이기에 중생인 부처는 중생인 부처의 삶만을 살고 부처인 중생은 부처인 중생의 삶만을 산다. 한 치의 어긋남도 있을 수 없다. 이를 돈오돈수頓悟頓修라고 한다.

해서 황벽 스님께서는 배휴 거사의 '부처 됨이 그와 같다면 부처님께서 설하신 법은 무엇입니까?'라는 물음에 '모든 부처님께서 설하신 법은 마음이 그 자체로 부처라는 가르침이다'고 말씀하셨으며, '이 가르침을 은밀하게 마하가섭 스님에게 부촉하였다'고 말씀하셨다. 사실 '마음이 곧 부처다'라는 말도 그대로 받아들이기 쉽지 않은데, 마음 그 자체가 인간의 사유 능력을 넘어선 세계 그 자체라는 선언을 어찌 쉽게 받아들일 수 있겠는가. 마음 그 자체가 세계이며, 모든 것이 부처로서의 깨달음을 실현하고 있다는 것을 누군들 쉽게 수긍할 수 있겠는가. 세계 그 자체가 깨달음을 실현하는 마음의 세계라는 뜻은 미물이라고 여기는 것들의 마음이나 사람의 마음이나 그 바탕과 작용양상이 다르지 않다는 것이니. 수긍하기 어렵다고 해도 마음과 세계가 그렇다는 것은 사실이다.

하여 세계는 한마음의 세계이면서, 세계마다 각기 다른 듯한 부처님의 세계라고 이름한다. 사실이 그렇다고 해도 이와 같은 가르침은 앎과 이해와 실천이 쉽게 일치될 수 없는 가르침이기에 은밀하게 가섭 스님께 전할 수밖에 없었을 것이다. 사실 전했다는 말도 맞지 않는다. 어떻게 부처님의 마음이 가섭 스님의 마음에 전해지겠는가. 가섭 스님 스스로가 마음이 곧 부처임을 통찰한 깨달음이 있을 뿐이다. 이 일이 가능한 것은 마음의 본성이 부처의 본성과 같다는 것을 뜻하지 않기 때문이다. 어느 것이든 그 자체가 자신의 본질을 규정할 수 없다는 것이 연기법의 실상이니, 마음이니 부처니 하는 말도 인연 따라 마음 또는 부처라고 한 것일 뿐이지 않은가. 변치 않는 본질로서의 마음 또는 부처가 없기에 '마음이 곧 부처'라는 말이 가능하다. 말을 하되 말에 매이지 않아야 하고, 만들어진 의미에 머물지 않아야 하는 까닭도 여기에 있다.

어느 것이든 연기법이 펼쳐내는 현상이므로 현상 그 자체를 독자적으로 존재하게 하는 본질이 없는데도, 언어분별은 그와 같은 본질이 있다는 것을 전제하고 있으므로, 언어

분별상을 살피지 않는다면 본질적 사고에 머물면서 되어 가는 사건들의 실상을 가리는 일을 하는 것과 같다. 분별된 것들의 존재성은 온전히 상상된 것이라고 할 수 있는데, 상상된 현상에 머물러서는 상상을 만들어 내고 있는 마음을 알 수 없기 때문이다. 해서 때로는 침묵이 마음과 계합하는 일이 된다. 침묵을 통해 무위적으로 이루어지고 있는 언어분별의 상상을 넘어서게 되면 본래부터 어느 것에도 머물지 않는 빈 마음의 작용과 수순하는 무위의 법문을 들을 수 있기 때문이다.

해서 깨달음을 위한 수행은 인연의 흐름에 투철히 깨어 있는 상태, 곧 언어가 발현되지 않는 침묵에 비유될 수 있는 상태에서 상상된 현상을 좇아가지 않는 것이라고 할 수 있다. 이를 무심이라 한다. 현상을 좇으면 빈 마음을 경험할 수 없어 비우면서 현상하고 있는 연기적 흐름을 직관할 수 없기 때문이다. 일어나고 사라지는 현상이 연기법의 묘용이 아닌 것이 없지만 현상만을 좇으면 현상이 펼쳐지는 연기의 장을 놓치게 된다. 현상에 머뭇거리는 것이 탐욕의 시발점이다. 취하고 싶은 생각이 일어났다면 이미 늦었다. 어찌 그 힘을 넘어설 수 있겠는가.

이는 날마다 경험하고 있는 일이지 않은가. 해서, 할 수 없이 돌 같고 나무 같은 마음을 쓰라고 이야기한다. 이는 돌이 되고 나무가 되는 마음을 만드는 것이 아니다. 취하려는 마음이 앞서지 않는 마음 씀이다. 언뜻 보면 취하는 것이 삶을 풍요롭게 하는 듯이 보여도 취하려는 마음이 쉬지 않는 한 풍요로운 삶은 실현되지 않는다. 더 나아가 취해진 것으로 나를 세우려 한다면 늘 뒤처지는 자기를 앞세우게 되리니 풍요 속의 빈곤을 면할 수 없다. 취하려 하지 않으면 딱히 버릴 것도 없다. 취하고 버리려는 선택지에서 머뭇거리는 일도 일어나지 않을 것이고. 인연에 수순해서 해야 할 일을 하고 하지 않을 일을 하지 않을 마음 씀도 비운 마음이 가르쳐 준다. 이를 지혜라고 한다. 돌 같은 마음이지만 돌에 머물지 않는 묘용이 도를 무위로 실현하게 하므로.

그렇다면 일어나고 사라지는 망념을 어찌할 것인가. 사실 언어분별상에 상응하는 현상들이 마음이 만든 상상체라는 것을 이해하기가 쉽지 않다. 해서 그것들을 취하거나 버리려 하면서 탐욕과 분노를 덤으로 얻고 있다. 이들이 중생인 부처들이다. 만들어진 상을 좇아 밖으로 밖으로 내달리고 있는 마음 씀으로 바쁜 이들이다. 왜 그럴까? 만족과 불만족을 성립시키는 것이 마음 밖에 있다고 여기는 한 밖을 향해 가지 않을 수도 없을 것이다. 그것들의 의미가 제 마음에 의해서 만들어졌다는 것을 이해할 수 있다고 해도, 배고픔이 밥을 먹지 않으면 해소되지 않는다는 경험보다 더 강력한 것은 없기에. 사실이 그렇다. 생존을 위해 체화된 경험 기억만큼 힘센 것이 있을까. 허구의 가치체계에 경도되는 마음의 기울기도 생존의 기억과 상응하여 만들어졌기에 그것을 바로 보기가 쉬울 수 없다는 것이다.

망념 그 자체는 그 이름이 뜻하듯 허망한 것으로 실체가 없지만, 그와 같은 생각 내용에 주의 기울이기가 습관이 되면 자신의 생각 흐름을 합리화하는 것도 병행되기에 망념이 허망한 것일 수 없게 된다. 속은 줄도 모르고 속게 되는 까닭도 여기에 있다. 해서 알아차린 내용에 주의를 기울이지 않고 알아차리는 마음 그 자체가 바로 부처임을 깨닫게 되면 허망한 생각에 주의를 기울이지 않을 수 있게 된다. 다시는 망념에 속는 일이 일어나지 않게 됐다는 뜻이다. 그렇게 되면 망념이라는 말도 없어진다. 망념을 좇지 않으면 망념이 없는 것과 같기에. 해서 마음이 일어나면 가지가지 것들이 생겨난다고 이야기한다.

그렇다고 하면 망념이 일어날 때 부처는 어디에 있을까. 마음이 곧 부처인데. 사실은 간단하다. 망념을 좇으면 중생인 부처의 마음이 일어난 것이고, 망념이 망념인 줄 알아차

왜 깨달음은 늘 한박자 늦을까

리면 부처인 중생의 마음이 일어난 것이다. 중생의 마음도 모든 것을 만들고 부처의 마음도 모든 것을 만들기에 '모든 것이 마음이다'라는 말이 성립되나, 부처의 마음 작용인 알아차림이 체화되면 더 이상 부질없는 가치체계에 현혹되는 일이 발생하지 않을 뿐이다. 하여 망념이 일어난 줄 알아차리는 그 마음이 부처의 마음이 된다.

중생의 마음일 때는 망념의 가치를 좇는 일을 가열차게 하면서 부처의 마음을 등지지만, 그때도 그것이 가치 있다고 알아차리는 일을 하는 그 마음이 그림자를 좇지 않는 순간 부처의 마음이 된다는 뜻이다. 마음 작용의 실상이 이러하므로 망념이 없어지는 순간 실제로는 부처의 마음이 생겨나는 것이 아니라 부처라는 이름조차 사라지는 순간이 된다.

여기서 중요한 것은 알아차리는 능력으로서의 불성이 아니라 알아차린 내용인 '부처도 없다'는 사실이다. 일어나고 사라지는 현상으로서의 마음 밖에 중생도 부처도 없다는 말이다. 이 말은 중생도 만들어진 실재며 부처도 만들어진 실재라는 것을 뜻한다. 수행으로 이루어야 할 부처가 수행의 목적이 아니다. 중생 또한 제도되어야 할 실재가 아니다. 중생도 실재하지 않거늘 부처가 있겠으며, 부처를 이룬다는 뜻도 성립되지 않거늘 중생이 된다는 것 또한 말이 되지 않는다. 이 모두가 망념의 그림자이고 짙고 옅은 그림자의 차별이다. 망념이 사라진 자리에 지혜의 달이 떠오른다. 알아차리는 능력에 담겨 있는 관점이 중생과 부처를 가른다고 할 수 있다. 해서 마음이 곧 부처라고 해도 관점에 매이지 않아야 부처인 중생의 마음 씀이 시작된다. 마음 하나 일어나고 사라지는 데 온갖 인연이 관여하고 있기에. 그것도 결정되어 있지 않은 우연으로.

인과가 분명하지만 하나의 원인이 결과를 결정적으로 발생시킬 수 없다는 뜻이 부처님께서 설하신 연기법의 내용 아닌가. '마음이 모든 것을 만든다'는 말이 다른 선언보다 크게 다가오는 것이 사실이지만, 황벽 스님은 말한다. 그 마음 또한 연기법이 현상한 사건 가운데 하나라고. 마음 또한 실재가 아니라고 아는 것이 황벽 스님의 지혜다. 이것이 뜻하는 것은 선의 출발점 또한 연기법에 대한 통찰이라는 것이다. 해서 실체를 바탕으로 하는 분별적 견해를 걷어내야 한다. 마음 그 자체도 실재하지 않거늘 마음이 만든 그림자를 실재로 본다는 것은 망념 가운데 망념 아니겠는가.

사건의 실상이 이렇기에 문수보살께서 잠시 부처라는 견해를 갖게 됨으로써 쇠로 된 산속에 갇히게 된다. 부처라는 견해가 중생이라는 견해와 상응하여 생겨난 것이니 부처의 견해에는 중생의 견해가 들어설 수 없다. 그렇게 되면 연기법이 만물을 관통하는 생명의 장을 뜻하는 것일 수 없다. 모든 것이라고도 할 수 없는 모든 사건·사물들은 연기적인 생명 흐름의 관계망에서 의미를 갖는 사건·사물로 등장하면서 다시 새로운 연기의 장이 되어 이전의 사건·사물이 갖고 있는 것과 같은 의미와도 이별한다.

해서 연기의 장 그 자체를 법신부처님이라고 한다. 이는 중생과 상대되는 부처라는 견해가 들어설 자리가 없다는 것을 뜻한다. 왜냐하면 중생의 자성이 없듯 부처의 자성도 없기 때문이다. 자성이 없다는 것은 어떤 것이든 연기법의 인연에 의해 그렇게 현상한다는 것을 뜻하므로.

자성이 없기에 깨달을 수 있다. 중생의 자성이 있다면 중생이 부처 된다는 뜻이 성립될 수 없지 않은가. 그렇기에 배휴 거사의 '지금 바로 깨달았다면 깨달은 부처는 어느 곳에 있습니까?'라는 물음이 성립될 수 없다. 오히려 자신의 물음을 되돌아보아야 한다. 질문의 연원이 무엇인지 돌아보지 않는다면 바른 답을 들려주어도 알기가 어렵다. 깨달음이라는 뜻도 마찬가지다. 황벽 스님께서 배휴 거사에게 '그대의 질문은 어디서 왔으며, 깨달음은 어떻게 발현하는가?'라고 되묻는 까닭도 여기에 있다. 사실 모든 사건·사물들이 결코 결정적이지 않은 인연의 관계망에 의해서 생성되는 듯하고 소멸되는 듯할 뿐이니, 어떤 것이 또는 어떤 사건이 '어디서 어떻게 발현되었는가?'라는 질문은 함정을 품고 있다. 어디라고 또는 어떻게라고 찾는다는 것은 반드시 그렇게 될 결정처가 있다는 것을 전제한 물음이므로. 그렇게 묻다 보면 결정적인 원인이나 결과나 실체가 있다는 사유 속으로 들어가면서 사유의 자유로움을 잃게 된다.

해서 친절하신 황벽 스님께서는 '언어와 침묵, 움직임과 고요함, 모든 소리와 색깔이 부처의 일이 아닌 것이 없거늘, 어디서 부처를 찾겠는가?'라고 되묻는다.

황벽 스님의 말을 듣다 보면 난감하기도 하다. 어느 것이든 성스럽지 않은 것이 없다는 말과 같으니. 여기서도 조심해야 한다. '성스럽다'는 '성스럽지 않다'를 옆에 세워 놓아야만 보이는 것 같기에. 해서 황벽 스님은 모든 사건·사물의 흐름이 부처의 일이라고 하면서 이와 같은 일 밖에 다른 일을 하고 있는 부처를 찾는다는 것은 머리 위에 머리를 얹는 것과 같다는 것을 잊어서는 안 된다고 이야기한다. 모든 차별은 그렇게 형성되고 한번 형성된 차별은 실체가 없는데도 불구하고 다른 사건보다 힘이 세다. 부처인 중생인데도 중생인 부처로만 사는 까닭도 여기에 기인한다. 슬픈 일이다.

왜 깨달음은 늘 한박자 늦을까

산은 산, 물은 물, 승은 승, 속은 속이나 그것들이 차별적인 불사로 현상하고 있는 것이 아니다. 실제로는 산도 연기법이고 물 등도 연기법이다. 현상하는 것들의 실제가 그러하니 어찌 차별적 실체가 존재할 수 있겠는가. 산 등이 마음이 만든 그림자이지만 마음 또한 연기법이니, 모든 '것'을 만드는 마음인들 실체가 있겠는가. 산이 산이듯 마음 또한 마음이나 그것들을 맺고 있는 인연의 관계망이 마음이면서 산이 되기에 산하대지도 마음을 벗어나지 않는다. 삼천대천세계가 그대로 산이며 마음이며 사건·사물들의 본모습이다. 하니 어느 것인들 마음 밖에 있을 수 있겠는가. 삼천대천세계를 마음이라고 해도 과언이 아니지만 산이라고 한들 어찌 틀린 말이겠는가.

인연 따라 온갖 양상으로 현상하고 있는 산하대지가 그대로 법신부처님이며 부처의 지혜 작용이 아닌 것이 없는데. 어떤 것도 저 스스로 그렇게 생겨날 수 없으니, 깨달음이 세계를 깨달음으로 만든 것과 같다고 할 수 있지 않겠는가. 어떤 것도 홀로 생겨나는 것이 아니라 딱히 원인이라고도 할 수 없는 우연의 조합에 의해서만 그렇게 현상하고 작용하니, 현상하는 모습마다 지혜의 모습이 아닐 수 없다. 그 순간에는 오직 그 모습으로 연기의 내용을 한 치의 오차도 없이 표출하므로. 해서 무엇인가를 이야기하고 듣는다고 해서 그 무엇을 이야기하고 듣는다고 오해해서는 안 된다.

　해도 어찌하겠는가. 깨달음은 늘 한 박자 늦게 일어나는 것 같으니. 무엇에 주의를 기울이기보다는 연설하는 행위에만 집중하는 일이 앞서야 한다는 뜻이다. 그래야만 법신부처님의 지혜 향연에 참여할 수 있다. 해서 '종일 설했지만 무엇을 설한 것이 아니며 종일 들었지만 무엇을 듣는 것이 아니다'라는 말도 성립된다. 해서 선종에서는 '부처님께서 45년 동안 설법하셨지만 한 마디도 설한 적이 없다'는 것을 강조한다. 왜냐하면 깨달음이란 언어를 쓰고 있지만 깨달음은 언어의 분별상을 넘어서기 때문이다. 언어분별상으로 앎을 드러내는 일상의식이 쉬어야만 알아차림만의 앎과 그조차 넘어서는 선정의식을 경험할 수 있다는 것이다.

　그렇다면 알아차림만으로 작용하고 있는 듯한 깨닫는 마음은 어느 곳에 있을까. 이것은 배휴 거사의 의문만이 아닐 것이다. 사실 이 질문은 성립될 수 없다. 연기법으로 보면 모든 현상이 나타나고 사라지는 것 자체가 연기의 각성이기 때문이다. 인연의 작용 그 자체가 보리(지혜)의 작용이니 어느 곳을 보리의 작용처로 지목할 수 있겠는가. 보리는 얻을 수도 잃을 수도 없다. 해서 황벽 스님께서도 '보리의 작용처를 어느 곳이라고 할 수 없다. 부처도 보리를 얻을 수 없고, 중생도 보리를 잃을 수 없다'고 이야기할 수밖에 없었을 것이며, '연기각성인 보리는 몸으로써 얻을 수도 없으며, 마음으로써 구할 수 없다'고 말씀하실 수밖에 없었을 것이다.

사실 몸과 마음 그 자체도 연기 현상의 하나일 뿐이니 몸만으로의 몸도 없고 마음만으로의 마음도 없다는 것이 부처님께서 깨달은 내용이니, 보리가 머무는 곳을 찾는 일이 가당키나 하겠는가. 할 수 없이 뭇 생명 모두가 그 자체로 보리를 현상하고 있다고 말하지만, 이 또한 말을 빌려 말을 배제하는 수단과 같다. 먼저 한 말의 의미를 내려놓고 그 자리에 다시 새로운 말로 의미를 채우는 일 말이다. 어떤 의미에선 법문 또한 말에 묶이게 하는 일을 가열차게 하는 것과 같다. 어쩌면 침묵이 모든 의미를 넘어선 연기각성을 대변한다고 해야 하지 않을까. 해서 45년간의 가열찬 설법이 실은 한 가지 법도 설한 적이 없어야 된다.

부처가 부처의 연기각성이듯 뭇 생명 모두는 그 스스로의 연기각성으로 자신의 세계를 사니, 부처의 법문이 어찌 다른 이의 연기를 있는 그대로 드러낼 수 있겠는가.

해서 배휴 거사의 '사실이 그렇다면 어떻게 보리심을 발현할 수 있겠습니까?'라는 물음에 황벽 스님께서는 '보리는 얻을 수 있는 것이 아니다'라고 답한다. 그렇지 않겠는가. 일어나고 사라지는 연기적인 현상들이 잠시도 머물 수 없는 것처럼, 인연을 아는 것처럼 작용하고 있는 연기각성 또한 현상 없이는 있다고도 할 수 없는데. 어느 것인들 물속에 일렁이는 달그림자와 같다. 그렇다고 해서 영리한 척 달은 있지 않은가라고 묻지 마라. 그 달 또한 인연의 그림자이니.

세상에는 얻을 수 있는 것만이 없는 것이 아니라 얻는 자 또한 없다. 사건·사물들은 단지 인연의 흐름. 얻을 수 없다는 것에 투철해야 한다. 마음도 없으니 마음을 찾으려 하지 말기를. 마음 또한 인연의 그림자라는 뜻이다. 인연의 관계가 그냥 그렇게 온갖 사건과 사물의 모습으로 그 순간 그곳의 앎과 함을 연출하면서도 순간도 머묾 없이 다른 모습으로 앎과 함을 연출하니, 얻을 것이 없다는 것을 아는 마음 현상이 깨달음의 궁극일 수밖에 없지 않겠는가. 해서『금강경』에서는 '내가 연등 부처님의 처소에 있을 적에 그 어떤 법도 얻으려 하지 않았기에, 연등불께서 너는 부처가 될 것이라는 수기를 주었다'라고 이야기하고 있다. 하니 분명히 알아야 한다. 뭇 생명 모두가 본래 깨달음을 실현하고 있다는 것을.

생명계의 흐름이 이러하니 다시 보리를 얻으려 하는 일이 깨달음을 등지는 일이 되고 만다. 해서 어렵다. 깨닫지 못

왜 깨달음은 늘 한박자 늦을까

하면 뭇 생명의 활동 그 자체가 깨달은 삶이라는 것을 알 수 없고, 깨닫고 보면 본래 깨달음조차도 없다는 것을 아는 것이니. 깨달음을 향해 치열하게 공부해야 한다고 하지만, 자칫하면 또 다른 환상에 끌려가는 것이 되고 마니. 질문을 하면 할수록 배휴 거사의 자비심이 멈칫하는 순간이 많아질 수밖에 없었으리라. 묻는 사람이나 답하는 사람 모두 인내심이 필요하긴 하다.

자칫하면 보리심을 내야 한다는 말을 듣고서, 보리심을 잘 간직하는 것이 부처를 배우고 취하는 것이라고 여기는 것은 실제로는 부처를 그리면서 그린 부처를 찾기 위해 여기저기를 찾아다니는 것과 같다. 그렇게 해서는 부처를 닮으려는 노력으로 만들어진 부처상을 부처로 모시면서 부처를 닮아가는 실천을 넘어설 수 없다. 그런 일이 훌륭한 일이라고 해도 그렇게 해서는 삼아승지겁이라는 시간을 지나더라도 아무것도 닦지 않는 그대의 무심과 상응할 수 없다. 왜냐하면 어떤 부처상이라도 그것이 그대의 무심과는 상관이 없기 때문이다.

11. 온갖 다름이 곧 부처의 다른 모습

무심 그대로가 부처고, 뭇 생명의 본원이다. 수행으로 깨달은 마음을 만들어 부처가 되는 것이 아니다. 마음이 모든 것을 만든다는 말을 듣고 마음을 변치 않는 실체로 생각하면서 그 마음을 찾고자 하는 것을 수행으로 여겨서는 삼아승지겁이 지나도 결코 깨달을 수 없다. 그렇게 해서는 특이한 마음을 쓰는 기술을 익힐 수는 있지만 그것이 부처의 마음을 쓰는 것이 아니므로. 해서 '본래 부처인데 온갖 다름이 있을 수 있습니까'라는 물음은 동일한 부처상을 염두에 둔 질문으로 언어의 분별상을 넘어서지 못한 것이다. 분별상을 넘어서기 위해서는 스스로의 마음이 만든 분별상에 시비를 걸지 않는 연습을 해야 한다.

부처상을 이해하려는 것이 아니라 부처상까지도 그냥 흐르도록 두는 연습이다. 드러난 감관이 어떤 일을 하든 그것에 따르지 않는 것이다. 옳은 상념도 그른 상념도 그냥 그 대로 흘러가도록 할 뿐, 어느 것이 옳았다는 판단조차 유보하는 태도다. 그렇게 하면 만들어진 심상에 현혹될 일도 일어나지 않는다. 그렇게 할 수밖에 없지 않겠는가.

자신의 마음이므로 자신의 의도대로 자신의 마음을 쓸 수 있지 않겠는가 라는 생각을 해볼 수는 있지만, 어느 누구도 그렇게 할 수 없다는 것도 잘 알지 않는가.

그런데도 마음을 주인공인 것처럼 여기고 있으니 벗어나도 한참 벗어난 생각이다. 마음 하나 일어나고 사라지는 것도 인연의 그림자가 아닐 수 없다는 뜻이다. 그림자라 할지라도 그 순간은 그 그림자로 자신의 세계를 건립하니, 그림자를 본질의 부속물로 여겨서는 그림자의 힘을 무시하는 것밖에 안 되니 조심하고 조심할 일이다. 그림자라고 해서 그냥 지워지는 것이 아니다. 연기 세계가 그림자를 만드니 만들어지고 있는 장으로 보면 그 끝을 이야기하기가 어렵지만, 만들어진 그림자는 제 크기로 세계와 접속하고 있으니, 어떤 것이든 부분이면서 전체가 된다. 부분이면서 전체적인 것들의 만남과 헤어짐에 의해 다시 새로운 그림자가 만들어지면서 세계는 흐른다. 전체로 보면 어떤 변화도 없는 것 같고 부분으로 보면 어떤 것도 순간을 넘어 머물 수 없다.

해서 부처를 배우고 취할 수도 있지만 배우고 취한 것을 내려놓지 않으면 부처의 흐름과 함께할 수 없다. 그리하여 '다 같이 부처라고 하면서 온갖 다름이 있는 까닭이 무엇입니까?'라는 물음은 다름들의 접속이 깨달음의 활동이 되면서 다름 그 자체가 부처인 것을 모르는 것을 적나라하게 드러내는 활동이 되고 만다. 아쉽지 않은가. 부처이면서 부처를 볼 수 없는 현실이. 해서 황벽 스님께서는 강조해서 말씀하신다. "모든 부처님들의 본바탕은 원만하여 늘어남도 줄어듦도 없다"고.

앞서 그림자라고 이야기했지만 실상은 그림자가 곧 본체인데, 두 찰나를 이어 같은 상태가 있을 수 없으므로 모든 것은 그림자와 다를 것이 없어 그림자라 했지만, 그림자여야만 연기적 흐름에 따라 제 모습을 펼쳐낼 수 있지 않겠는가. 그림자가 연기의 실상을 가리지 않으니 삶의 실상을 알아차리는 데는 이만한 비유가 있을까. 흐름 그 자체가 앞을 비우면서 뒤를 드러내나 드러난 뒤도 곧 앞이 되면서 만들어진 그림자에 머물지 않으니, 어느 곳이든 원만하지 않은 '것'과 '곳'이 있을까. 이것이 모든 것들이 그 모습 그대로 부처인 까닭이다. 우리가 그리는 부처상에 온전히 부합하는 부처가 없다는 사실은 낱낱 생명체의 느낌 등이 그대로 부처의 깨달은 느낌이라는 것을 가리킨다는 것이다.

　아상이 없기에 부처가 될 수 있다는 것은 부처상에 맞는 부처가 없다는 것을 뜻한다. 해서 뭇 생명 모두가 부처라고 한다. 앎이 곧 드러나지 않는 부처의 깨달음과 같기에. 이 사실을 깨닫고 머물지 않는 마음 씀을 체화하면 법신부처님의 마음 씀이 된다. 사실 체화한다는 말도 맞지 않는다. 연기 각성인 법신부처님은 언제 어디서나 그렇게 하고 있기에. 세계는 드러난 것이든 드러나지 않는 것이든 하나 된 생명의 장에서 그것으로 생겨나고 사라진다. 생겨난 현상 낱낱이 생명의 깨달음을 현상하는 것과 같고, 사라지는 것 또한 깨달음의 장과 함께하고 있다. 어떤 것이든 그것으로 생명의 장 전체를 나타낸다. 전체로서 생명의 장 또한 낱낱과 다를 것이 없다.

　하니 '모든 것이 다 부처라고 해서 형상과 색깔이 같아야 하지 않겠는가'라는 생각은 생명의 장이 펼치는 깨달음과 상응하지 못한 것이다. 다른 모습들이 그 모습 그대로 생명의 깨달음을 온전히 드러내고 있으니 어디에 본원적인 차별이 자리할 수 있겠는가. 시비를 가르고 취사선택하는 그 마음이 무엇을 기반으로 그렇게 하고 있는가를 살피고 살필지어다.

12. 시절인연이 사건을 연출한다

거칠게 말하면 실재하는 것은 관계망뿐이다. 수많은 사건·사물들은 관계망이 만들어 내는 현상이라고 할 수 있기에. 관계라는 의미로만 보면 사건·사물들의 관계인 것 같지만, 실체를 갖지 않는 사건·사물들이 어찌 관계의 중심축이 될 수 있겠는가. 해도 일상의식으로는 사건·사물들만 보인다. 해서 현상한 사건·사물에 현혹될 수밖에 없다.

그런데 관계망은 어떻게 그 많은 사건들을 현상할 수 있을까. 의미가 만나는 것이 아니라 만남이 의미를 생성하기에 의미가 있다고도 없다고도 할 수 없는데. 어떤 사건이든 필연적인 의미가 있을 것 같다는 생각이 사건 그 자체를 있는 그대로 볼 수 없게 하는 것은 아닐까 해도 이 생각을 반조하는 것만으로는 사건의 의미가 만들어진 것과 같다는 것을 알아차리기는 쉽지 않다. 이미 갖고 있는 의미나 신념체계를 내려놓고 보아야만 관계망의 떨림이 사건·사물을 현상하고 있는 것을 있는 그대로 볼 수 있지 않을까. 사실이 그렇다. 관계망 자체가 그렇게 하는 것만큼 실증적인 것이 있겠는가. 세계가 그냥 그렇게 요동하면서 흐를 뿐이다. 시절인연에 따라 수많은 현상들이 관계망을 흔들면서 자신을 현상하지만, 자신이 흔든 관계망이 다시 자신을 허물면서 새로운 사건·사물들을 현상하게 한다. 이것뿐이다.

사건이 시절인연을 아는 것이 아니라 시절인연이 사건을 연출한다. 해서 인연의 장을 법신부처님이라고 한다. 본래부터 깨달음을 바탕으로 시절인연에 맞게 온갖 사건·사물을 현상한다는 뜻이다. 시절인연의 관계망 그 자체가 법신부처님이라는 것은 사람이 설정한 의미가 시절인연이 되지 않는다는 것을 말해 준다. 날마다 경험하고 있지 않은가. 하지 않은 것 같은데도 예고도 없이 찾아오는 청구서가 주는 아픔을. 아파야 할 때는 아픔으로 시절인연을 드러내니 아픔이 없기를 바라는 마음은 괜한 헛수고가 된다는 것을.

부처님의 자비를 간절하게 찾는 때는 아플 때이지만, 법신부처님은 '원하는 것을 내려놓으세요'라는 말만 하시는 것 같다. 기도와 헌신으로 그 많은 날들을 보냈던 것치고는 어이없는 반응인 것 같아 속상하기가 그지없다. '이것이 어찌 위대한 부처님의 자비인가'라는 푸념조차 할 기운이 없을지니, 부처님의 설법을 헤아린다는 일은 이미 생각 밖이다. 더구나 '그대가 곧 법신부처님이며 그대의 마음 씀이 곧 깨달음인데 어찌 그대 밖에서 자비를 구하는가'라는 책망을 듣지 않는 것만으로 위안을 삼기에는, 늘 부족하다는 마음으로 자신을 봐 왔으니 받아들이기도 쉽지 않다.

헌데 되돌아보면 그럴 수밖에 없지 않을까. 자신을 부처로 대우해 본 적이 없으니, 다른 인연인들 부처로 대우하지 않았을 것은 불 보듯 뻔하므로. 아픔은 그곳에 있다. 자신을 공손히 모시지 못하는 인연망이 시절인연을 왜곡하면서 자신도 아프게 하고, 인연 없는 이도 아프게 한 일 속에.

해서 배휴 거사의 '모든 부처님께서는 어떻게 대자비를 행하시며 중생을 위해 법을 설하십니까?'라는 물음에 대해 황벽 스님께서는 '부처의 자비는 인연 없는 중생에게도 베풀기에 위대한 자비라고 한다'라고 말씀하시지만, 실제로 인연 없는 중생이 있을 수 있을까. 자비라는 사건이 행해지는 곳이 끝없는 인연의 장인데. 해서 황벽 스님께서도 자비에서 '자'라는 뜻은 '이루어야 할 부처가 있다는 견해가 없다는 것'이며, '비'라는 뜻은 '제도해야 할 중생이 있다는 견해가 없다는 것'을 뜻한다는 사족을 덧붙이고 있다. 부처도 중생도 법

왜 깨달음은 늘 한박자 늦을까

신부처님인 불성의 인연망이 펼쳐내는 현상인 줄 알아야 제대로 된 대자비와 설법이 행해질 수 있다는 것이다. 왜냐하면 설법이라는 사건 또한 법신이 펼쳐내는 현상이니, 설법이라는 사건은 있지만 그 내용으로 보면 설할 것도 없고 보여줄 것도 없기 때문이며, 설법을 듣는 자의 처지에서 봐도 들을 것도 없고 얻을 것도 없기 때문이다.

법신은 연기법을 신체화한 것이라고 할 수 있고, 부처와 중생 그리고 설법자와 청자는 연기적 현상이라고 할 수 있기에, 어느 '것'도, 곧 어느 사건·사물도 그것 자체로 그것일 수 없다는 것이다. 연기의 장은 생명공동체의 지성 작용을 통해 이런저런 사건들이 펼쳐지는 곳이다. 마치 마술처럼. 해도 현상 그 자체를 부정해서는 안 된다. 연기법신이 그 사건으로 현상한 것이므로. 사건의 발생이 이렇기에 어느 사건도 그 사건만을 발생시키는 실체가 그 사건의 어딘가에 존재하지 않는다.

부처님께서 행하신 자비와 설법도 연기법신과 더불어 행해진 것이라고 할 수 있으므로, 연기법신의 자리를 생각하지 않고 '부처'라는 분이 '나'에게 '법'을 설했고, '나'는 그 '법'을 듣고 곧바로 '깨달음'을 얻었다고 여긴다면 새로운 견해가 생긴 것일 뿐이다. 중요한 것을 놓쳤다는 이야기다.

부처님의 설법이 연기각성의 이야기라고 하더라도 듣는 자는 연기각성과 상응하지 못하고 언어분별이라는 사건을 발현하고 있으므로, 한쪽은 부처인 중생으로서의 사건을 발현하고 다른 한쪽은 중생인 부처로서의 사건을 발현하고 있다는 것이다. 겹치는 것으로 보면 그 또한 연기각성의 일이지만 현상한 것으로 보면 부처와 중생이니, 부처의 자비도 제 일을 하지 못한 것이 되고 만다. 하니 견해에 머물러서는 법신의 법문을 들을 수가 없다. 머물지 않는 흐름이 온갖 사건·사물을 현상하지만 흐름 그 자체는 무심이라고 할 수 있으니, 무심이 되어야만 끝내 부처인 중생의 삶을 놓치지 않는다.

13. 그럴듯한 자기가 되려는 일이 부족한 자기를 만들지는 않는지

마음이 만들어진 환상을 좇는 한, 환상을 만들고 있는 마음을 알아차릴 수가 없다. 마음이 주의를 기울여 알아차린 것들은 연기관계가 만들어 낸 일시적인 것들이다. 그것이 외부에 있거나 마음 현상 그 자체거나. 어느 것도 그것이 아니면서 그것이 된다. 주의가 간 것들은 실재인 것 같으나 그 또한 바람만 불어도 흩어지는 비눗방울 같으니, 상상된 것들은 더 말해 무엇하겠는가. 어느 것이든 환상이거나 환상 가운데 환상이다. 그 모두는 늘 마음 그 자체의 주의를 빼앗는 것들이다. 마음이 만든 환상이지만 그것이 환상인 줄 모르는 까닭도 여기에 있다. 한번 주의가 기울여지면 마음은 그것을 잡기에 바빠 환상인 줄 알 수 없기에.

해서 황벽 스님은 배휴 거사의 '정진이란 무엇입니까'라는 물음에 '몸에서 일어나는 느낌을 좇아가지 않고 마음이 만든 환상을 좇아가지 않는 것이 가장 굳센 정진이다'라고 이야기한다. 몸에서 발생한 느낌을 좇아가면 곧바로 즐겁거나 괴로운 마음 현상을 초래하게 되고, 마음이 만든 환상을 좇아가면 연기법신인 무심을 놓치게 되니, 몸과 마음에서 일어나는 어떤 현상에도 현혹되지 않는 상태가 정진이라고 할 수 있기에. 일어났으면 하는 느낌과 일어나지 않았으면 하는 느낌이 탐욕과 분노로 이어지면서 궁극적으로는 제 삶을 불만족하게 만들 것이고, 환상에 주의를 기울이면 모든 사건·사물들이 연기적 존재라는 것을 알지 못하는 무지를 강화할 것이니, 한 생각 일어나는 순간 탐진치 삼독이 주인 노릇 할 것이 뻔하지 않은가. 해서 잠깐만이라도 마음 밖을 향하여 무언가를 구하고자 하는 것은 독재자 가리왕이 제 마음에 들지 않는 사람들을 해치는 것과 다를 바가 없다는 비유를 들고 있다.

마음이 밖을 헤매게 되면 스스로를 갈무리하지 못해 제 마음이 온갖 보배를 생산하고 있다는 것을 알 수 없어, 소득 없는 바쁜 마음이 제 마음을 해치는 것과 다를 바 없다는 비유를. 아프지 않은가. 쉼 없는 노력이 도리어 자신을 해치는 것과 같은 것이. 해서 마음 밖을 향하지 않아야 하지만 쉽지

왜 깨달음은 늘 한박자 늦을까

않다. 생각하지 않아도 밖을 향하는 일이 무위로 이루어지고 있기에. 치열한 싸움이 일어났던 일이 한두 번이 아니었지만 늘 밖의 마음이 이기지 않는가. 마음 밖이라고 했지만 그 또한 자신의 마음이 만들어놓은 세상이니 밖이라고 하기도 어렵다. 안과 밖이 하나 되어 마술을 하고 있으니 마술에 현혹되지 않기 위해서는 한쪽 마음을 단단히 붙잡아야 하지만 지금껏 그 일을 제대로 해본 적이 없으니.

늘 적당한 선에서 타협하는 것으로 자신을 위로하고 말지 않았는지. 늘 자신을 산 것 같지만, 살피고 살펴보면 자신을 산 것 같지도 않아, 열심히 했는데도 하고 나면 텅 빈 가슴만 남았다면, 열심히 하는 일을 멈추어야 하지 않을까.

하려는 의지를 하지 않으려는 의지로 전환시키기 위해서는 잠시 참아내는 노력이 필요하다. 이 노력을 인욕을 닦는다고 하는데, 욕됨과 부질없는 욕망을 참아내는 일이기 때문이다. 그럴듯한 사람이 되고자 한다는 것은 지금 여기의 자기는 늘 그럴듯한 자기가 아니라는 것을 전제하는 것이 되므로, 그럴듯한 자기를 그리면서 하는 일이 실제로는 지금 여기의 자기를 부족한 사람으로 만드는 일을 가열차게 하는 것과 다르지 않다는 것이다. 해서 참는 일이 단순히 참는다는 것을 넘어선다. 스스로를 부족하다고 보지 않을 수 있는 기반을 강화하는 일이 되므로. 인욕선인은 그렇게 탄생한다. 현상으로만 보면 참는 일을 하고 있는 것 같지만 밖을 향해 치달리지 않는 정진 그 자체가 지금 여기의 인연을 이해하게 하고, 흐르는 인연을 잡으려 하지 않는 마음 씀을 무위적으로 할 수 있게 한다. 이와 같은 마음 씀이 무심이며 부처의 길을 걷는 것이다.

14. 무심 그 자체가 불도를 행한다

무심을 사건·사물에 대해 '관심 없음'으로 이해해서는 안 된다. 오히려 사건의 형태와 색깔이 마음챙김의 강도에 따라 익숙한 분별상, 곧 기존의 형태나 색깔을 넘어서는 경험을 통해 마음 현상 또한 정해진 상태로만 일어나고 사라지는 것이 아니라는 것을 뜻한다고 할 수 있다. 설명을 더하면, 경험한 현상으로만 보면 유심의 분별작용과 다르지 않지만 분별상이 변해 가는 흐름을 있는 자리에서 직관하게 됨으로써 같음과 다름, 있음과 없음 등으로 규정할 수 있는 마음이 없다는 것을 알 수 있게 된다는 것이다. 그렇다고 해도 자칫하면 무심에 대한 경험이 유심이 되고 마니 조심해야 한다. 유심은 기존의 세계 보기를 넘어서지 못한 알음알이인데, 여기에 기대어 무심에 대한 분별상을 만들게 되면 유심을 벗어나지 못하기 때문이다.

어느 날 홀연히 눈과 귀 등으로 이전까지 경험하지 못했던 빛과 소리 등이 보이고 들리는 것 등이 일어날 수 있는데, 이 상태는 기존의 지각 영역을 벗어난 상태에서 일어나는 사건으로, 느낌의 영역 등이 확장된 것이라고 할 수 있다. 이와 같은 경험이 연기적 자아를 알게 한다.

실제로는 연기적 자아를 안다기보다는 기존의 자아 분별이 해체되는 경험이라고 할 수 있다. 이러한 경험이 자아에 대한 이해를 달리하게 하면서 연기적 자아를 이해할 수 있기 때문이다. 연기적 자아는 보고 느끼는 자아가 아니다. 이해된 자아다. 사실이 이러하므로 일상의 자아의식이나 연기적 자아의식 모두 자아를 객체화한 것이다. 느낌 그 자체로 보면 주관적이라고 할 수 있지만 '나는 이렇게 느낀다'라고 하는 순간 느낌이 주체가 아니고 자아가 주체가 되면서 '나는 누구인가'라는 어쩌면 쓸데없는 질문 속으로 들어갈 수 있다. 허무는 그렇게 탄생된다. 느낌이 부차적일 때.

해서 선에서는 온전히 그 자체가 되라고 말한다. 그렇게 되면 '나'가 사라진다. '나'가 사라질 때가 곧 무심이다. 마음이 만든 '나', 곧 제2의 그림자가 사라질 때가 온전히 깨어 있는 상태로서의 마음조차 없는 상태라는 뜻이다. 이와 같은 경험으로 마음이니 자아니 하는 알음알이의 실체가 제2

의 그림자인 줄 알게 된다. 주체와 객체를 세우는 알음알이 인식이 자리를 비울 때, 곧 무심이 될 때 마음만이 없는 것이 아니라 사건·사물도 언제나 그렇게 존재하지 않는다는 것을 실증하게 된다. 하나의 변화가 연기의 장을 변화시키면서 새로운 연기적 앎을 드러내기에.

내가 무엇을 보고 느껴 아는 것과 같은 상태가 실제로는 앎으로 현상하는 연기적인 마음이며 느낌이며 앎이라는 것이다. 사건의 실상이 이러하므로 배휴 거사의 '만약 마음이 없다면 어떻게 불도를 행하고 깨달음을 얻을 수 있습니까'라는 물음은 유심의 분별을 앎의 실상으로 여기는 알음알이를 대변한다고 할 수 있다. 황벽 스님의 답이 이 사실을 극명하게 보여 준다. '무심 그 자체가 불도를 행하는 것이다. 여기에는 더하고 뺄 것이 전혀 없다'라는 답이 그것이다. 이것은 이리저리 살피고 헤아려 잘 판단하는 유심의 작용이 실제로는 도가 행해지는 것을 가로막고 있다는 뜻이다.

사실이 그렇다. 스스로 자유롭게 생각하는 것 같아도 생각의 흐름을 지켜보면 익숙한 리듬을 따르지 않는 것이 없다. 그냥 그것을 생각한다고 하지만 무심도 이런 무심이 없다. 번뇌를 향해 질주하는 무심.

이것을 생각이라고 한다면 매일매일 섶을 지고 불속으

로 달려드는 기술을 강화하는 것밖에 아니지 않는가. 슬픈 일이라고 말하기도 그렇다. 해서 황벽 스님께서는 '잠깐이라도 한 생각을 일으키면 경계에 이끌리게 된다'라고 하셨다. 그럴 수밖에 없지 않은가. 경계를 만든 것이 마음이니 오히려 경계에 이끌린다는 말도 알음알이의 마음 작용을 과소평가한 것이라고 할 수 있다. 그렇다고 한 생각도 일어나지 않는 상태를 구해서도 안 된다. 그 또한 경계에 끄달리는 것이다.

경계가 만들어지면 경계에 끄달리고 경계가 만들어지지 않으면 어찌할 줄 모르는 마음으로는 있음과 없음을 넘어설 수 없다. 둘 다 허망한 제2의 그림자를 좇는 알음알이다. 있음은 말할 것도 없고 없다는 것으로도 무심을 그릴 수 없다. 경계를 좇지 않을 때 탐심도 진심도 뒤따르지 않게 되고, 경계가 그림자인 줄 알아차릴 때 해야 할 일은 하고 하지 않아야 할 일은 하지 않게 된다. 이것이 불도를 행하는 무심이다.

왜 깨달음은 늘 한박자 늦을까

15. 삼계도 마음이 만든다

사유의 빔은 빔을 지향하지 않는다. 예기치 않은 것들이 제 모습으로 드러나도록 또는 그렇게 해도 되는 것을 옹호하는, 자리라고도 할 수 없는 자리다. 비어 있지 않으면 절대 이루어질 수 없는 공명이다. 삼계라는 환상도 그렇게 해서 형성되나 그것이 진짜 같은 환상, 곧 마음이 만든 그림자임을 눈치채지 못하면 빔이어야 할 순간조차 일렁이는 그림자에 현혹되면서 환상인 삼계가 실재하는 세계처럼 사유 속에 머물게 된다. 사유된 것들이 존재가 된 순간이 실제로는 사유를 떠나는 순간이다. 하니 이미 그렇다고 알려진 것들을 다시 요모조모 살펴볼 필요가 충분하지 않은가. 사실 머무는 것들 또한 그냥 머물러 있지 않는다. 끊임없이 머문 사유 내용을 재생하면서 현재와 조응하고 다시 현재를 규정하면서 제 역량을 키우고 있다. 여기에 틈이 생긴다.

분별된 장막을 열어야 지금 여기와 조응할 수 있고 세를 키울 수 있기 때문이다. 이 틈이 분별적인 존재의식을 넘어서게 한다. 집중과 쉼이 틈새를 넓힌다. 그렇게 되면 머문 내용이 제 역량을 키우고자 열린 문으로 빠져나가고 들어오기를 반복하면서 의도치 않게 문이 넓어지는 경우가 있다. 그냥 지켜보다 보면 그렇게 된다. 드나드는 사유의 색깔에 관심을 두지 않고 그냥 그러려니 하면 인연에 따라 제 색깔을 바꾸면서도 혼란스럽지 않다. 기대를 저버리는 것 같은 사건들조차 실제로는 기대를 저버리는 것이 아니라 인연의 흐름을 온전히 포착하기에.

만들어진 기대의 흐름을 내려놓았기에, 좀 억지스럽게 이야기하자면, 어느 것이든 기대하는 사건이 된다. 무심이 주는 평안이다. 함께 사는 삶을 힘에 맞추어 살 뿐인데도 기대를 충족하는 삶과 같다. 해서 언어의 틀이 설정한 가치체계나 신념체계를 살피고 살필 것을 이야기한다. 인류를 위한 가치로서의 선악 판단 기준에 의한 삶의 양상이 어느 순간 인류에게 전혀 이롭지 않게 작동한 것이 어디 한두 번이었던가. 만들어진 이야기와 신념체계에 순종했다가는 아무 잘못을 하지 않은 것 같은데도 늘 고단한 일상이 이어진다. 이것이 삼계를 윤회하는 일이다. 판단된 선악은 물론이고 판단이 일어나기 전을 살펴야 하는 까닭도 여기에 있다.

해서 황벽 스님께서는 '선악은 말할 것도 없고, 모든 생각에 대한 가치판단을 중지하게 되면 생각 이전이 문득 드러난다'고 이야기한다. 돌이켜보면 누구라도 알 수 있다. 불과 얼마 전만 하더라도 너무나 당연했던 판단의 근거가 전혀 사실에 기반하지 않는 상상의 산물이었다는 것을. 처음에는 이전의 판단 근거나 신념체계가 바뀌거나 사라지면 큰일이 일어날 것 같으나, 바뀌게 되면 그것과 상응하는 이야기가 일상이 되면서 아무렇지 않게 된 것을. 해서 새로운 선악 등도 살피고 살펴야 한다. 삼계를 벗어나는 수는 그것밖에 없다. 왜냐하면 드러난 분별의 막이 세계를 가르는 막이 되면서 삼계가 있는 듯하므로, 막 이전을 뜻대로 살필 수 있게 되면 삼계의 막이 존재하지 않는다는 것을 사무치게 알 수 있기 때문이다.

해서 황벽 스님께서는 '부처님의 법문은 삼계의 허구를 깨뜨리기 위한 방편이다. 만약 분별된 마음 현상에 현혹되지 않는다면 삼계는 없다'고 이야기한다. 이 이야기에서도 잊지 않아야 하는 것은 수행 정도에 따라 삼계가 점진적으로 사라지는 것이 아니라는 점이다. 삼계 그 자체를 마음이 건립한 것이므로 마음이 만든 이야기를 넘어서면 그만이다. 예를 들어 '몸은 악이고 정신은 선이라고 하면서, 악인 몸에 고통을 줄수록 선인 정신이 깨어난다'라는 주장이 있는데, 이와 같은 이야기가 어불성설이라는 것이다. 몸도 인연이고 정신도 인연이며 몸과 마음을 온전히 나눌 수도 없는데 어찌 선악을 발생시키는 본질이 따로 있을 수 있겠는가.

이것이 말해 주는 것은 몸과 마음을 보는 견해가 바뀌었다는 것이다. 한 번 바뀌고 나면 전의 견해는 더 이상 역할을 할 수가 없다. 반쯤 바뀐 생각은 아직 바뀐 것이 아니다. 어느 때는 앞의 판단으로 다른 때는 뒤의 판단으로 왔다 갔다 하는 상태를 어찌 바뀌었다고 할 수 있겠는가. 온전히 바뀌어야 바뀐 것이다. 해서 과정이 중요하고, 관찰이 중요하다. 바뀌었다고 해도 그 내용이 사실에 기반하지 않았다면 바뀌었다는 말 말고는 무슨 의미가 있겠는가. 그러기 위해서는 한 생각도 일어나기 전을 경험해야 한다. 그래야 마음이 만든 세계가 온전히 환상인 줄을 사무치게 알게 된다. 삼계가 환상인 줄을.

마음 현상 하나하나는 늘 언어분별을 동반한다. 익숙한 경험이 실제로는 지금 여기의 경험이 아니라 갈무리된 분별력이 만든 것이기에, 무심을 경험하게 되면 분별에 속지 않을 수 있다. 이 상태를 모든 마음이 없어졌다고 이야기한다.

어느 경우든, 곧 삼계를 만들어 살든 깨달음으로 살든 세계 그 자체는 마음이니 무심이라는 상태를 실존으로 여겨서는 안 된다. 유심은 말할 것도 없고 무심을 유심과 상대되는 무심이라고 여겨서는 무심에 집착하는 것과 다를 바가 없다. 이 말은 중생인 부처가 부처인 중생으로의 온전한 전환이 일어나야 삼계를 벗어났다고 말할 수 있다는 것이다.

연기법계가 곧 대승심이며 중생심이지만 중생인 부처는 실제로 중생으로만 사는 것과 같고 부처인 중생은 실제로 부처로만 사는 것과 같으므로, 마음 한구석에 티끌만 한 집착이 있다면 결코 부처인 중생이 아니다. 대승심을 깨달았다는 것은 삼계를 건립하는 분별심을 완전히 벗어났다는 것이므로.

16. 부디 자신을 소중히 여기기를

웃을 때는 온전히 웃고 울 때는 온전히 우는 마음이 부처다. 드러난 현상으로만 보면 누구나 그렇게 사는 것 같다. 하지만 조금만 살펴보면 다른 이를 울게 하면서도 본인은 웃고자 하는 이들도 넘친다. 이것이 분별된 현실이다. 인연으로 하나 된 세계를 온전히 깨달았다는 것은 웃음 하나도 그냥 그렇게 일어나지 않는다는 사실을 잊지 않는다는 것을 뜻한다. 제 마음이 홀로 그렇게 현상한다고 생각해서는 안 된다는 것이다. 이 마음이 분별없는 마음이다. 이와 같은 사실, 곧 웃음 하나도 연기적이라는 사실을 잊지 않는 것이 정념이며, 정념을 이어 가는 수행이 바른 정진이다.

일어나고 사라지는 마음 마음이 모두 연기 실상이라는 것에서는 부처와 뭇 생명이 다를 것이 없고, 다르지 않기에 정념과 정정진으로 깨달을 수도 있다. 달마 스님께서 전하신 가르침도 마음으로 하나 된 뭇 생명 모두가 부처라는 것이다. 이것이 연기 실상이니, 수행으로 얻을 것도 아니다. 하니 수행자는 스스로의 마음이 연기 실상이며 깨달음을 실현하는 당처인 줄 알고, 다른 곳(것)에서 깨달음을 구해서는 안 된다. 그렇다면 어떤 것이 마음인가? 보고 듣고 말하는 것 모두가 마음이다. 여기서도 살필 것이 있다. 보이고 들리는 것은 형상이 있는 것 같지만 보고 듣는 것에는 형상이 없다는 것을. 더 나아가 형상 없는 마음이 보이고 들리는 것을 만들고 있다는 것을.

하므로 보이고 들리는 것에 마음을 뺏기면 보고 듣는 마음을 알 수 없다. 말을 만들지만 마음은 말이 아니고 형상을 만들지만 마음은 형상이 아니기에 일체를 알 수 있으나, 다른 한편, 곧 마음 그 자체가 말과 형상을 만들면서 스스로를 못 보게 하는 것과 같기에 말과 형상을 넘어서야 비로소 무심한 마음이 드러난다. 마음살핌의 첫걸음이 말과 형상을 좇아가지 않는 것일 수밖에 없는 까닭도 여기에 있다.

해서 마음 그 자체를 허공과 같다고 비유한다. 허공 그 자체를 이야기할 때 어떤 형상으로도 그릴 수 없고 어떤 곳이라고 가리킬 수도 없지만 그렇다고 없는 것도 아니듯, 알아차리는 마음 또한 그렇다는 것이다. 알아차린 내용이 마음 아닌 것은 아니지만 그것의 실상은 마음의 그림자에 지나지 않는다는 뜻이다. 해서 마음을 알기가 어렵다. 일상의식으로는 보이고 들려야 안다는 사실이 발생하는데, 마음을 보려 하면 보려는 마음조차 쉬어야 하므로. 보려는 마음은 그림자를 향해 내달리는 마음과 같아 결코 그림자조차 없는 마음을 향해 가지 않으므로. 사실대로 이야기하자면 현상한 마음으로 보면 그것이 그 순간의 인연을 온전히 드러내는 것이라고 할 수 있으나, 그 또한 인연이 만든 그림자에 지나지 않으므로, 인연이 현상하기 전은 마음이라고 할 것도 없다. 없는데도 인연이 되면 홀연히 아는 마음과 알려지는 마음이 본래부터 그렇게 작용하는 것 같다.

해서 조사 스님들께서는 아는 마음과 알려지는 마음이 생겨나기 전의 마음, 곧 마음 작용을 현상하게 하는 인연의 장 자체를 할 수 없이 마음이라고 이름하면서 그 마음은 머리도 없고 꼬리도 없다고 했다. 왜냐하면 아는 마음과 알려지는 마음은 무엇이라고 이름해도 그 당체를 온전히 드러낼 수 없는 마음장이 순간의 인연 따라 펼쳐내고 있는 사건·사물이라고 할 수 있기 때문이다. 인연의 장 자체를 본래 마음이라고 했지만, 인연이 사건·사물을 펼쳐내고 있다는 뜻에서는 지혜라고 부르는 편이 인연의 실상에 가까울 것 같다.

인연의 장 자체를 근본 마음이라고 이름할 수도 있고, 사건·사물을 현상하는 공능으로 보면 장 그 자체의 작용을 지혜라고 부를 수도 있다는 뜻이다. 작용하면 온갖 사건·사물이 현상하고 작용하지 않으면 마음조차 있다고 할 수 없으니, 마음과 지혜는 있다고 할 수도 없고 없다고 할 수도 없다. 인연의 실상이 이러하므로 드러난 현상도 드러나지 않는 마음도 제 '것'으로서의 종적이 있을 수 없다. 하니 있음에도 현혹되지 않아야 하지만, 없음을 추구해서도 안 된다.

'어느 것에도 머물지 않는 마음 작용'과 '있다고도 없다고도 할 수 없는 마음의 장 그 자체'가 지혜라는 공능으로 사건·사물을 펼쳐내고 있는 세계가 부처의 세계일 수밖에 없으므로 마음 그 자체가 부처일 수밖에 없다. 해서 수행자가 현상에 머물지 않는 무심과 현상 없음에도 머물지 않는 무심을 뜻대로 쓸 수 있게 되면 모든 부처님께서 걸었던 길을 걷는 것과 다를 바가 없다. 이는 『금강경』에서 '어느 것에도 머물지 않는 마음을 쓰라'고 한 이야기와 맥을 같이한다. 머무는 마음은 한시도 머묾 없이 흐르는 인연의 장과 상응하는 마음이 아니다. 머무는 마음이 집착이다. 집착이라는 마음 현상은 있지만 어느 것도 그 마음과 상응하지 않으니, 집착은 만족할 수 없는 삶을 만드는 지름길이 된다. 이를 윤회라고 한다.

하루는 이것에 집착하고, 다른 날은 저것에 집착하면서 하루하루를 불만족스럽게 만드는 마음 씀이 쳇바퀴를 돌 듯 되풀이되는 것이 윤회라는 뜻이다. 현상한 사건·사물 그 자체가 부차적이며 한시도 같은 상태로 머물지 않는데도, 그와 같은 사건·사물에 부질없는 의미를 부여하고 그 의미가 퇴색되지 않기를 바라지만, 바라는 마음을 제하면 결코 있을 수 없으니 허망하고 허망한 쳇바퀴다. 사실이 그렇다. 빈 곳 같은 곳에 스며드는 저것들이 이것을 현상하게 하는 것에서는 어느 것도 예외일 수 없다. 해서 세계는 하나의 꽃이다. 제 것으로 머물 수 없는 것이 인연의 장이며, 이와 같은 장에는 이것과 저것을 가르는 벽이 없다. 하나하나로 보면 잠시도 머묾 없이 변해 가지만, 변해 가는 낱낱은 그것으로 장의 얼굴을 드러내니 장으로 보면 변할 것도 없다. 미묘하고 미묘한 흐름.

해서 생사가 있는 듯하지만 생사를 이루는 것 또한 장이니 현상 그 자체로만 생사를 논할 수도 없다. 허니 생사에 끄달리면 윤회를 멈추지 못한다. 현상에 정신이 팔리면 이것 저것을 잡으려고 쉴 틈이 없지만 손을 펴 보면 잡았다고 여겼던 것들이 다 빠져나가고 빈손만이 그대를 맞이하리니 바쁜 일을 한 것치고는 너무나 허망한 결과. 이것이 뭇 생명의 의식 현상 아닌가. 해서 마음 밖에서 보배를 찾고자 해서는 하루 종일 남의 돈을 세는 것과 다를 바가 없다고 했겠지. 그렇게 해서는 아픈 마음만의 나날을 맞이하리니, 이것이 쉼 없는 윤회 아니고 무엇이겠는가. 누가 이것에 만족할까! 만족한 삶을 살려는 일이 늘 불만족한 현실을 만들어 내는 역설, 아픈 현실이다.

　　나와 너로 현상하게 하는 인연의 장은 결코 분별의 벽이 있을 수 없는데도, 분별의식은 현상한 너와 나만 보이기에 벽을 세우는 것이 자연스럽기까지 한다. 해서, 한 번 나누어지고 나면 이것저것을 잡고자 이곳저곳을 향해 달리는 마음이 부족한 삶을 만들고 만다. 하고자 하는 마음이 머무는 마음으로 변한 결과다. 사실이 세계를 이루는 것 같지만, 실제로는 생각이 세계를 만들기 때문이다. 이와 같은 마음 현상을 조복하지 못하면 부족하지 않을 때가 없다. 그 결과 바쁘지 않을 때도 쉬지를 못한다. 이와 같은 사실을 사무치게 알아차려야 하는데 그 일이 생각만큼 쉽지 않다. 한참을 돌았는데도 늘 같은 자리인 듯한 것은 인연의 장이 바뀌었는데도 결코 채울 수 없는 기대하는 마음이 바뀌지 않았다는 것에서는 아무런 차이가 없기 때문이다. 윤회란 그런 것이다. 허기진 마음을 채우기 위해 쉴 새 없이 뛰었는데도 늘 허기진 삶이 되풀이되는 것.

헌데 무엇을 좇아 그리 헤맸는가를 살펴보면 어이가 없다. 제 마음이 만든 환상을 좇아 이곳저곳을 다녔기에. 이를 육도윤회라고 한다. 인간계와 천상계 등이 따로 있는 것이 아니다. 그 모두를 스스로 만들어놓고 갖기를 원하기도 하고 벗어나기를 원하기도 하지만 제 마음을 어찌 벗어날 수 있겠는가. 가졌다고 해도 마음의 그림자라 허기진 마음을 채울 수 없고, 벗어나려 해도 그것 또한 마음의 그림자이니 그 뜻을 이룰 수 없다.

육도윤회를 벗어나는 길은 오직 한 가지, 환상을 좇는 마음이 일을 하지 않아야 한다. 이를 무심이라고 한다. 인연에 집착하지 않는 마음이다. 어렵게 이야기하면 망상분별이 없는 마음이다. 분별되기는 하지만 분별된 것들이 저 스스로 그렇게 존립할 수 있는 독자적인 실체가 없으니 집착한들 집착하는 마음밖에 다른 무엇이 잡히겠는가. 인연의 실상을 꿰뚫어 알지 못하면 아는 것이 인연의 실상이면서 인연의 장을 가리는 장애가 될 뿐이다.

하나하나가 그것으로 현상하기 위해서는 수많은 인연들이 함께 스며들어 그것이 될 수 있도록 한다. 스며드는 일이

왜 깨달음은 늘 한박자 늦을까

가능한 것은 중심축이 비어 있기 때문이다. 없음이 사건의 중심축이 된다는 것이다. 모든 것들이 다 그렇게 서 있다. 홀로 서 있지만 진정코 홀로 설 수 있는 것들은 없다. 해서 인연의 장은 움직임이 없다고 이야기하기도 한다.

인연의 실상이 이러하니 어디에 분별된 실재로서의 나와 남이 있을 수 있으며, 그것들에 대해 탐욕을 부리거나 싫은 마음을 키운들 홀로 감당해야만 하는 아픔을 키우는 것과 무엇이 다를까. 해도 여기저기서 아픔을 키우는 일이 끊임없이 일어난다. 탐욕 등의 결과가 주는 허망함을 달랠 수 없어 다툼으로나마 허기를 달래면서 삶의 의미를 만들려 하는 것일까. 가만히 지켜보면 모든 의미가 그렇게 만들어진 것 같다. 만들어진 의미체계가 망상 아닌 것이 없지만 그러한 망상이라도 붙잡고 있어야 살 수 있다는 듯이. 그것들이 삶의 의미였기에 내려놓기가 쉽지는 않겠지만 내려놓으면 다시 붙잡으려는 수고를 하지 않아도 되기에 가볍다. 망상이 망상인 줄 아는 것이 깨달음이고, 내려놓고 난 이후의 가벼움이 해탈이며, 이를 이야기해 주는 것이 부처님의 가르침이다.

해서 수행, 곧 생각하고 말하고 행동하기를 닦는다는 것은 한마디로 그냥 알아차리면서 잡아채려는 의지를 내려놓는 연습이라고 할 수 있다. 수행으로 얻을 것은 없다. 해서 해탈을 '얻음 없음'이라고도 부른다. 마음으로 지고 있어야 할 어떤 것도 없을 때가 가장 가벼울 때이고, 그래야만 망상이란 망상은 발을 붙일 수가 없다. 얻으려 하는 수행을 잘못된 것이라고 하는 까닭도 여기에 있다. 노력해서 취하고 가질 수 있다면 그렇게 하지 않을 이유가 없으나 어느 것도 그렇게 할 수 없으니, 얻으려는 수행은 허공을 움켜쥐고 그것이 보배이기를 바라는 것과 다름이 없다.

이와 같은 바람이 앞서는 한 어느 마음 씀인들 귀신에 홀린 짓이 아닐 수 있겠는가. 있는 그대로를 아는 마음이면서도, 모든 것이 스며들어 그것이 되는 마음인 무심을 드러내지 못한다면 어떤 마음 현상도 귀신 굴을 벗어나지 못한다는 뜻이다. 널리 배우고 수많은 고통을 참아내며 쉼 없이 닦으나 터럭만큼만이라도 얻으려는 마음이 있으면 길을 잘못 들어 이리저리 헤매는 윤회를 벗어날 길이 없다. 망상에 취해 헤맬 때는 그것만이 자신의 세계가 되므로 망상이 망상인 줄 알 수 없으나, 한 번 그것이 망상인 줄 알면 그 속에서 헤매지 않게 되지 않겠는가. 눈을 뜨면 온갖 것들이 보이듯이 의식 앞에 현상하는 것들 또한 쉼 없이 생겨나고 사라지겠지만, 그것들에 마음을 빼앗기지 않는다면 그것들은 더 이상 망상이라고 이름할 수 없기에.

왜 깨달음은 늘 한박자 늦을까

그렇게 되기까지는 마음이 왔다 갔다 하겠지만 그와 같은 작용까지를 알아차리는 마음도 있기에, 그냥 지켜보다 보면 허다한 망상들이 힘이 다 빠지게 되는 때가 온다. 이와 같은 상태를 본래부터 청정한 마음자리라고 이름한다. 해서 알아차리는 그 마음이 깨달은 마음이고, 깨달은 마음이 곧 부처님의 가르침을 실현하는 마음이다. 마음 밖에서 도를 구해서는 종일토록 수행한다고 하더라도 아무런 결과가 없다고 하는 까닭도 여기에 있다. 언어 문자를 통한 학습이 중요하기는 해도 불성, 곧 마음 작용을 알아차리는 마음 그 자체는 스스로 체험할 수밖에 없기에. 선은 체득된 마음이지 언어 문자를 통해서 구해지는 것이 아니라는 뜻이다. 더 나아가 사유된 마음 현상 또한 언어와 크게 다르지 않으므로 사유된 현상을 온전히 알아차리는 마음과 계합하는 것을 바른 수행이라고 한다. 이 마음이 분별의식을 넘어선 마음이다.

해서 본래 청정한 마음자리를 체득하게 되면 인연에 수순하되 걸림 없는 마음을 쓸 수 있게 된다. 이 상태가 생각을 넘어선 생각, 곧 사유된 내용에 현혹되지 않는 마음 작용이다. 그렇게 되면 저절로 망상이 일어나지 않게 된다.

『유마경』에서는 이 상태를 유마 거사께서 부처님의 제자들이 병문안을 온다는 소식을 듣고서, 자신의 방에 있는 것 가운데 침상 하나만을 남기고 다른 것은 다 치운 뒤 침상에 누워 있었을 뿐 어떤 생각도 일으키지 않았다고 묘사하고 있다. 이것이 뜻하는 것은 온갖 반연을 따라 이곳저곳으로 내달리는 마음을 쉬고 오직 본래 청정한 마음자리에 앉아 망상이라고 할 것은 말할 것도 없고, 일어나고 사라지는 마음 현상 어느 것에도 동요되지 않는 마음을 써야 된다는 것이다.

이와 같은 마음 씀을 지성이 지성 그 자체를 깨닫는 것과 같다고 하여 불성(깨닫는 성품)이라고 한다. 실제로는 어느 것에도 머무르지 않는 무심의 작용이다. 무심이 곧 깨달은 마음이다. 해서 마음 밖을 향해 이곳저곳으로 쉴 새 없이 돌아다니면서 부지런히 성스러운 가르침을 배운다고 하더라도 결국 성인과 범인의 차별을 당연시하는 일을 멈출 수 없다. 일어나고 사라지는 모든 사건·사물들은 인연 따라 잠시도 같은 상태로 머물 수 없는데도 불구하고 마음이 만든 환상을 실재시하면서 그와 같은 실재를 찾고자 하기에 찾기는커녕 노력한 만큼 아픔만 뒤따를 것이다. 거듭거듭 말하지만 이것이 윤회의 실상이다.

많은 수행자들이 부처님의 가르침을 제대로 알아듣지 못하고서 무상한 것을 넘어 항상한 것 같은 불성을 찾고자 하는 수고를 마다하지 않지만 어디에 그런 것이 있겠는가. 무상 그 자체가 바로 앎으로 현상하는데. 그렇기는 해도 환상의 무상성과 알아차리는 앎의 항상성이 실제인 듯해서 불성을 무상성과 다르게 생각하기도 하지만 이 또한 분별의식에 지나지 않는다. 만들어진 환상에 마음을 빼앗기지 않으면, 현상과 앎이 주객으로 나뉜 듯한 앎의 장이 실제로는 마음 작용의 현장일 뿐이라는 지혜가 익어 간다. 하나이기에 현상을 좇아가면 윤회하는 마음을 강화하는 것과 같고, 앎 그 자체를 반조하면 윤회를 벗어나는 마음을 강화하는 것과 같아, 마음 작용의 방향성에 따라 그 결과가 하늘과 땅만큼 벌어진다.

해서 지공 스님께서는 '눈 밝은 스승을 만나지 못하면 대승인 지혜의 약을 그릇되게 복용하는 것과 같다'고 하셨다. 사실 무상하다는 말은 하나의 사건과 만날 수 있는 분별상이 늘 같을 수 없다는 것을 뜻한다. 그런데도 우리는 늘 같은 사건 또는 사물이라고 생각한다. 생각이 사건과 만나지만 그것이 반드시 실제의 사건과 만났다고 이야기할 수 없는 까닭도 여기에 있다. 실제의 사건과 만나는 것이 아니라 '그것이다'라고 예상된 사건과 만나고 있다는 말이다. 이것이 업의 활동 양상이다. 사건·사물을 분별해서 기억함으로써 다음 사건을 수월하게 알아차리려는 습관이지만, 문제는 항상 같은 사건·사물이 없다는 데 있다. 습관적 기억이 효용을 잘 살피지 못한다고 하면 지금 여기와 제대로 만날 수 없다는 뜻이다.

해서 익숙한 알아차림을 내려놓을 필요가 있다. 그렇게 하는 수행이 무심을 배우는 일이다. 그것은 언제 어느 때나 분별된 것들을 따라가지 않고 그냥 지나가는 사건처럼 대하는 연습을 하는 것이다. 익숙한 분별상에 의지해서 살았다고 하면 이전의 흐름을 집착하는 것과 같아 지금 여기를 만날 수 없지 않겠는가. 거듭 말하지만 내려놓는 연습은 보이고 들리는 것을 좇아가지 않는 것이다. 그러다 보면 분별상이 이어지지도 않고 새로운 분별상이 만들어지지도 않아 앎의 작용이 없는 것과 같은 현상 등을 경험하기도 한다. 기대하지도 않고 잡지도 않는데도 그냥 그것 자체로 평정한 하루를 살 수 있게 하는 경험이다. 그와 같은 하루하루는 한편으로 보면 어리석은 사람의 하루처럼 보이지만 다른 편으로는 무심의 공능이 익어가는 하루다. 마음속에 일어나는 온갖 시비가 자리다툼을 하지 않는 만큼 지금 여기의 인연과 상응하면서 바른 판단을 할 수 있는 힘이 커 가기 때문이다. 이익과 손해라는 판단이 앞서면 뒤따르는 마음 흐름은 뻔하지 않겠는가. 그와 같은 마음 씀은 무심과 멀어지는 것일 뿐 아니라 시비 등의 색깔을 떠난 마음자리를 볼 수 없게 하기에. 하니 무심을 배우고 익히는 수행자는 남이 알아주지 않는다고 해서 그들로 하여금 자신을 알게 하려는 의도가 일어나는 것을 곧바로 알아차려 그 마음을 따라가지 않아야 한다. 따라가는 마음이 곧 유심이며 무심과는 하늘과 땅만큼이나 차이가 나는 마음 씀이다. 해서 조사 스님께서는 '터럭만큼만 차이가 나도 하늘과 땅만큼 멀어진다'고 했다.

터럭만큼도 벌어지지 않는 마음 씀이 무심이다. 무심이어야만 인연 따라 일어나고 사라지는 현상에 집착하지 않을 수 있지만, 익혀 온 업습은 자신의 습관적인 예상으로 현재를 만나고 해석하고 있으므로, 업습으로부터 자유롭게 되어야만 무심을 뜻대로 운용할 수 있다. 이와 같은 마음 씀이어야 틈이 없는 마음이다. 업습은 무심 거울에 갖가지 분별심을 되비추는 역할을 하면서 사건·사물을 실재시하게 한다. 어제도 그것인 것 같고 오늘도 그것인 것 같으니, 그것이 저것과 다른 것으로서 그것이다고 아는 것이 당연하다. 이렇게 익어진 것이 업습의 공능이고, 이 공능이 있기에 제법 그럴듯하게 사건·사물을 알아차리면서 어제를 오늘로 연장한다. 그 때문에 오늘을 그런대로 살아낼 수 있으니, 분별의 틈이 조밀할수록 잘 산다고 여긴다.

　이렇듯 업습의 공능이 제법 효과적이라 집착하지 않기
도 힘들다. 해서 마음을 큰 바위처럼 해서, 곧 갈라진 틈이 없
이 해서 스스로 만든 환상이 들락거리지 않도록 해야 한다.
그렇게 하다 보면 이제껏 실재로 여겼던 것들이 업습이 만든
환상인 줄을 체험하게 된다. 환상인 줄 안다면 그것들을 좇
아 바삐 움직일 필요를 느끼지 않게 된다. 그렇게 되면 업습
이 만든 상에 현혹되지 않는 마음 씀만이 홀로 우뚝한 것을
알게 된다. 이것이 집착 없는 마음 씀이다.

　사건·사물의 실상을 올곧게 이해했으니 허상에 집착한
다는 것이 도리어 이상하지 않겠는가. 허상을 좇아가지 않으
니 유심과는 다른 마음 씀이 현상했다고 할 수 있어 할 수 없
이 무심이라고 이름하지만, 실상은 무심에도 머물지 않아야
한다. 말 그대로 마음 없음과 같으니 머문다는 말도 이상하
기는 하지만. 이와 같은 마음 씀이 이어져야 마음이 그대로
부처인 것과 조금이나마 상응하게 된다. 특정한 분별상에 머
문다는 것은 철 지난 줄도 모르는 것과 같은 경우가 대부분
이다. 어제의 유용함에 멈춰 변한 오늘을 그 틀에 맞추는 것
과 다르지 않다는 말이다. 이것이 집착이 아니고 무엇이겠는
가.

　　　　　　　　　　　　　왜 깨달음은 늘 한박자 늦을까

어제의 기준을 오늘에 적용하기 위해서는 변한 오늘에 맞게 수정하는 공능을 키워야 하는데, 그렇지 못한 오늘이면 기준에 맞지 않는 오늘이 되어 맞이하는 오늘마다 허망한 오늘이 될 수밖에 없지 않겠는가. 이는 결코 채워질 수 없는 욕망이 만드는 오늘을 사는 것과 같다.

이러한 세계를 욕계, 색계, 무색계라고 한다. 각각의 세계에 설치된 기준틀이 다르긴 해도 무심의 세계가 아닌 것에서는 차이가 없다. 삼계 그 자체가 유심의 세계임을 철두철미하게 깨달아 삼계의 어느 곳에도 머물지 않아야 무심의 세계가 펼쳐진다. 그 세계가 부처의 세계다. 삼계의 허망성을 깨달은 이가 부처며, 부처가 세운 세계가 부처의 세계다. 무심한 흐름으로 오늘을 만들어 내는 세계 그 자체는 어제를 비우는 공능으로 오늘을 현상하고 있는데, 어제를 갖고 있어서는 새로운 오늘을 만나지 못한다. 그 상태는 이미 쓸데가 없어진 어제를 집착하는 유심 말고는 갖고 있는 것이 없다. 비유하자면 갖고 있다고 여기는 주먹을 폈더니 이미 다 새어 나가 남아 있는 것이 없는 것과 같다. 노력에 비해 아무런 소득이 없으니 번뇌가 그 자리를 대신한다. 하여 본래 가질 수 없다는 것을 안다면 번뇌가 생기지 않는다고 한다.

무심으로 오늘을 새롭게 건립하는 일이야말로 모든 번

뇌가 생기지 않는 것과 같다고 하며, 무심한 마음 씀을 샘이 없는 지혜, 곧 무루지無漏地라고 한다. 어제의 기준틀을 고집하지 않는 마음 씀이 그것이다. 이 마음은 쓰임으로 보면 한시도 없지 않지만, 어느 것도 집착하지 않는 것으로 보면 늘 새로운 마음이다. 이러한 마음 씀만이 새로운 인연을 있는 그대로 맞이할 수 있다. 해서 머물지 않는 지혜를 쓴다는 것은 익숙한 업습이 다 없어진 것과 같을 뿐만 아니라 다시는 업을 짓지 않게 된다고 한다. 삼계를 벗어난 마음이며, 분별상에 머무는 마음 씀이 모두 사라진 마음이다.

삼계를 만든 것도 마음이요 삼계를 벗어나는 것도 마음이나, 이 마음은 중생과 부처가 다른 것도 아니다. 할 수 없어 삼계를 건립하는 마음을 쓰는 이를 중생인 부처라고 했고 삼계를 벗어난 이를 부처인 중생이라고 했지만, 깨닫기 전에는 이 사실을 알 수 없어 스스로 건립한 욕망의 틀 속에서 벗어나지 못한다. 더구나 욕망하는 것 또한 업습이면서 업습의 경향성을 욕망하도록 강화하는 것과 같아 욕망으로부터 자유롭기가 어려우니, 번뇌를 벗어나고자 욕망해도 번뇌로부터 해탈되기가 갈수록 요원해진다. 한편으로 보면 스스로의 의지로 삼계를 건립했다고 할 수 있지만 한번 건립된 가상의 삼계를 벗어난다는 것은 생각처럼 쉽지 않다는 것을 날마다 경험하지 않는가. 모순도 이런 모순이 없다. 이를 자유롭지 못한 삶이라고 한다. 해서 분별상에 의지하는 마음 쓰기를 내려놓으라고 한다. 내려놓아야만 인연에 수순한 마음이면서도 어떤 인연에도 매이지 않는다.

이렇게 되어야 업습에 따라 태어나지 않고, 인연 따라 뜻대로 태어날 수 있다. 이와 같이 태어난 몸을 의생신, 곧 의지에 따라 태어난 몸이라고 한다. 보살 수행을 성취한 수행자의 삶이 그렇다. 이들을 자유인이라고 한다. 무심에 투철한 수행자들이다. 반면 무심을 닦지 않고 특별한 공능을 성취하고자 하는 유심 수행자를 마군의 업을 닦는다고 말한다. 분별상을 만들고 그것에 의미를 부여하면서 그것을 놓지 않으려는 마음 씀이 곧 마군의 업이라는 뜻이다.

형상과 의미에 집착하는 것이 부자유 아니겠는가. 이것을 이해하는 것이 어렵지는 않겠지만 무심을 성취하지 않으면 어떤 일도 형상과 의미에 집착하는 일이 되기 쉬우니, 마군의 업을 익히면서도 그것이 마군의 업인 줄 알기도 쉽지 않다. 정토 수행자가 속기 쉬운 까닭도 여기에 있다. 무심이 곧 정토인 줄 모르고서 특별한 세계로서의 정토상을 그리면서 하는 수행은 스스로의 무심 자리가 정토인 줄 알기 어렵게 하므로, 정토 수행 그 자체가 도리어 유심 정토의 업습을 강화하는 것이 되고 말기 때문이다. 해서 부처나 조사를 넘어서지 못하면 부처상과 조사상이 자신의 마음을 가리는 역할을 하게 된다. 부처가 장애라는 말도 그렇게 해서 생겨난 것이다. 부처상 또한 무심을 가리는 역할을 충실히 한다는 뜻이다. 부처상조차 그렇거늘 다른 상은 말해 무엇하겠는가. 분별상을 좇는 것은 업습을 만들어 자신을 옥죄는 일을 가열차게 할 뿐이다.

마음 밖의 어떤 것이 그대를 옭아매는 것이 아니다. 이익과 손해, 칭찬과 비난 등을 좇고 피하려는 업습이 그대를 분주하게 한다. 이익과 칭찬이 좋은 것 같지만, 그대는 그것으로 인해 자유롭게 되었는가. 되돌아보면 그것들을 좇아 열심히 살고 있는 것을 칭찬해 주어야 할 것 같기는 하지만, 어느 틈에 이익과 손해를 헤아리면서 결과에 들뜨고 가라앉은 삶이 지속되지는 않는지.

업습도 업습을 재생산하려는 의지가 강하다고 할 수 있다. 그 자체가 의지는 아닌 것 같지만 하다 보면 어느덧 익숙한 길만을 걷고 있지 않은가. 기존의 업습이 인이 되어 인연 따라 과로서의 새로운 업습이 만들어지고 있는 것 같지만, 그 또한 업습이라 걷는 길을 보면 업습이 만든 길을 한 번도 벗어난 적이 없다. 이것은 자유가 아니다. 업습에 구속된 것이다. 업식 스스로가 인이 되고 과가 되면서 무심세계의 자유를 알 수 없게 한 결과다. 이것은 인과에 구속된 삶, 어느 곳에 살더라도 결코 자유롭지 못한 삶이다.

　해서 깨달음을 현상하게 하는 법이나 깨달음 그 자체도 실재하지 않는 줄을 잊어서는 안 된다. '이것이 깨달음이다'라고 말할 수 있는 법이 정해져 있지 않기 때문이다. 인연 따라 현상하는 모든 것이 시절인연을 온전히 드러내면서도 새로운 인연에 상응하기 위해 제빛을 거두는 수고를 아끼지 않지 않는가. 이 밖에 어떤 법이 있다는 것인가. 부처님께서 설하신 모든 법 또한 그렇다. 무심에 이르는 방편일 뿐이므로 방편에 집착해서는 깨달음을 짐처럼 지고 있는 꼴을 면할 수 없다. 하여 머물지 않는 시절인연의 무심한 흐름을 궁극의 깨달음이자 진리라고 이야기한다. 어느 것에 머무는 순간이 깨달음과 등지면서 진리를 찾는 헛수고가 시작되는 지점이다. 머물지 않으면 어느 것도 그것 자체로 인연의 무심을 온전히 드러내므로 깨달음과 현상한 사건이 다를 것도 없지만, 현상을 떠난 진리를 찾는 순간 업습이 만들어 내는 분별상 속에서 헤매게 된다. 찾지 않고 분별상에 머물지 않으면 업습이 녹아나 시절인연 그 자체가 깨달음을 실현하는 줄 알게 되면서 무심 그 자체가 밝은 빛처럼 빛날 것이다.

시절인연으로 현상한 모든 것들이 그 자체로 깨달음의 빛이라는 뜻이다. 여기에 무얼 더하겠는가.

오직 업습을 비울 뿐이다. 업습을 비운다는 것은 낱낱 사건·사물이 그 자체로 실재한다는 관점을 내려놓는 것을 바탕으로 생각하고 말하고 행동한다는 것을 뜻한다. 팔정도의 수행이 바른 견해를 바탕으로 이루어지는 까닭도 여기에 있다. 익숙한 견해를 들여다보면 언어와 상응하는 분별상을 매개로 하지 않는 것이 없으나 분별된 것들의 실상은 그 자체로 실재할 수 없다는 것이 명확하다. 그럼에도 불구하고 이미 익힌 업습 따라 반성 없이 그것들이 그 자체로 실재한다는 견해를 답습한다. 어떤 것도 이웃의 도움 없이는 그것으로 있을 수 없는데도, 인연을 맺고 있는 것들은 '알려진 그것' 속에서 사라진다. 인연의 관계망에는 보이지 않는 부분이 많다 보니 그럴 수 있기는 해도, 분별상을 언어화하여 대물림되는 학습의 효과가 더 크다고 할 수 있다. 자신의 업습과 사회적 업습이 만나는 지점이 학습의 장이기 때문이다.

익숙한 업습의 견해를 내려놓지 않으면 있는 것도 보이지 않게 된다. 해서 유마 거사는 '가진 것을 모두 버려야 한다'고 했고, 『법화경』에서는 '20년 동안 항상 똥을 치우게 했다'고 했다. 잘못된 업습의 견해를 버려야 한다는 것이다. 일

왜 깨달음은 늘 한박자 늦을까

상의 마음 씀을 보면 사건·사물을 잘 분별해 생각하고 말하는 것 같지만, 그 모두가 업습의 찌꺼기인 경우가 대부분이기 때문이다. 이것이 마음을 비운다는 뜻이다. 빈 마음을 가리는 분별상이 사라지면 빈 마음이 펼치는 집착 없는 마음 작용이 드러난다. 이와 같은 마음 작용이 신령스런 앎이다. 익숙한 분별상에 의지하지 않고도 시절인연과 온전히 계합하는 앎이다. 만들어진 분별상에 매인 앎인 희론의 찌꺼기가 사라진 깨어 있음이다.

깨어 있다는 것은 알아차린 사건·사물의 일차적인 분별상이 인연 따라 생겨난 것으로 인연에 참가한 것 가운데 어느 하나만 빠져도 익숙한 분별상이 생겨나지 않는다는 것을 안다는 것이다. 해서 모든 사건·사물의 본바탕이 공하다고 말한다. 업습에 의거해서 알아차린 결과를 희론이라고 하는 까닭도 여기에 있다. 보이고 들리는 분별상도 그럴진대 분별상에 붙인 이름과 가치판단은 더 말할 필요조차 없지 않겠는가. 모든 희론은 일차적인 분별상과도 상응한다고 할 수 없다. 그렇기에 희론의 똥을 치워야 분별상이라도 제대로 볼 수 있고, 있는 그대로 보다 보면 분별상 또한 마음의 조건 따라 변하는 것을 볼 수 있다. 이와 같은 경험이 있어야 마음이 분별상을 만든다는 것을 직관할 수 있고, 마음 작용의 조건을 직관하다 보면 마음 현상조차 실재하지 않는다는 것을 경험하게 되면서, 아무런 상이 없는 거울 같은 마음이 드러난다.

이 마음은 순간의 인연상에 온전히 깨어 있는 마음의 당처라고 할 수도 있지만 그 또한 사라지기도 하니 당처인 마음이 '있다'고도 할 수 없다. 모든 사건·사물의 인연상과 공상이 앎과 연계된 것은 사실이지만 앎 그 자체를 궁극적 실재라고 말할 수도 없으니 인연상도 공하고 공상도 공하다. 해서 경에서는 '모든 부처의 국토가 다 공하다'고 했다. 현묘하고 현묘하지 않은가. 무심인데도 인연의 흐름에 온전히 깨어 있고, 국토가 공한데도 모든 사건·사물이 펼쳐지는 것이. 이것은 배우고 경험할 수 있는 것이면서도 결코 얻을 수 있는 것이 아니니, 불도를 수학하여 얻을 수 있다고 생각한다면 오산이다. 얻을 수 없다는 것을 알았다는 것조차 천리만리 어긋난 앎이니, 오직 무심이어야 한다. 공상도 공인데 얻을 수 있는 것이 어디 있겠는가.

그런데도 공부인 가운데 기필코 불도를 얻겠다고 하는 이들이 있으나 그와 같은 견해야말로 불도와 어긋난 것일 뿐이다. 더구나 그와 같은 견해를 바탕으로 선의 이치를 드러낸다면서 기회가 있을 때마다 눈썹을 치켜세우거나 눈동자를 이리저리 굴리는 짓거리를 하기도 한다. 그런 와중에 서로의 뜻이 맞는 것 같으면 불도와 계합했다고 하거나 선리를 증득했다고 여기나 자신이 드러내는 선리를 이해하지 못한 이를 만나서는 어떻게 해야 할 바를 전혀 알지 못한다. 또한 자신의 행위를 이해한 이를 만나면 한껏 기뻐하지만, 어쩌다가 상대에게 꺾이게 되면 한을 품는다. 이것이 어찌 선리를 증득한 이의 마음이겠는가. 스스로가 만든 그림자에 스스로가 속는 꼴이다. 얻었다고 여긴 것들은 모두 제2차적인 마음의 그림자로 무심과는 아무 상관 없다.

이런 까닭에 달마 스님께서는 참과 거짓, 성인과 범인 등의 견해가 완전히 끊긴 벽과 같은 마음 수행, 곧 면벽수행으로 선의 본래면목은 모든 견해가 다 끊어진 것임을 보였다. 모든 법이 인연 따라 일어나고 사라질 뿐인데, 그 가운데 어떤 것을 취한들 집착 아닌 것이 있을 수 있겠는가. 하여 면벽수행으로 어떤 분별상에도 머물지 않는 마음이 무심이면서 무심 그 자체가 선의 본래면목임을 보일 수밖에 없었다. 분별의 기준틀이 온전히 사라지는 것이 불도며, 분별이 마군의 경계이기 때문이다. 분별의 기준틀이 집착의 근거며, 본래부터 어느 분별상도 취하지 않으면서 인연에 깨어 있는 무심의 작용이 선의 근거다. 해서 선 수행은 무심해지는 것이면서 동시에 인연의 흐름에 온전히 깨어 있는 것이다. 이것이 깨달음의 본래면목이다.

이를 이름하여 불성이라고 하는데, 불성 그 자체로 보면 깨달았다고 해서 얻을 수 있는 것도 아니고 분별상을 취한다고 해서 사라지는 것도 아니다. 인연 그 자체에 어찌 미혹함과 깨달음이 있을 수 있겠는가. 본래부터 어느 것으로도 인연의 현상을 드러내지만 드러난 그것에 머물지 않으면서 새로운 현상을 만들어 내는 것 자체가 인연의 장인데. 인연의 흐름이 이와 같기에 언제 어디서나 깨어 있는 작용을 하는 것과 같다고 하여, 머묾 없는 인연의 흐름을 불도라고 이름하기도 하고 천진자성이라고 이름하기도 한다.

천진이란 집착하지 않는 것을 뜻하는데, 하나하나의 사건·사물이 인연의 장 전체와 온전히 하나 된 사건·사물임을 알기 때문이다. 이것이 '뭇 생명의 마음이 대승이다'라는 뜻이다. 시방의 허공계가 마음 하나로 이어지는 공명체라는 것이다. 어떤 것도 인연의 장을 떠날 수 없다. 그대 스스로가 생각하고 말하고 행동하는 것 같지만, 실제로는 그 또한 마음으로 하나 된 허공계의 울림이다. 허공계를 나눌 수 없듯 무심의 세계도 나눌 수 없다. 무심에서 보면 크고 작은 것도 없고 번뇌도 없으며 유위의 조작도 일어나지 않으니 미혹하다거나 깨닫는다는 것조차 있을 수 없다. 올연히 무심하면서 마음으로 하나 된 허공계가 있을 뿐이다. 이 세계는 분별된 어떤 것도 그것만으로 존립할 수 없다. 사람이라고 해도 예외가 아니며, 부처라고 해도 다를 것이 없다.

분별된 모든 것들은 마음이 만든 분별상인 줄 알아야 한다. 허공과 같은 무심세계를 임의로 구획 지어 이것저것으로 이름 짓고 양화한 것이 분별상의 실제 아닌가. 분별상의 실상이 이와 같은데 어찌 양화하는 마음으로 무심세계를 엿볼 수 있을까. 사량분별에 의지하는 것이 집착의 내용이다. 집착이라는 분별상은 있지만 그 내용이 공허하니 분별상을 탐했다가는 먹고 먹어도 배고픈 아귀 꼴을 면할 수 없다.

탐하는 분별상이 이와 같은 줄 알고 몰록 분별상을 취하고 탐하려는 욕망을 내려놓으면 본래 무심인 세계가 드러난다. 해서 삶의 본래면목을 맑은 흐름이라고 한다. 분별된 하나하나로 보면 태어나고 사라지는 것이 있는 것 같지만 본래면목인 무심에서 보면 태어나고 사라지는 일이 없다. 이를 무생법인이라고 한다.

그대들 또한 매일 경험하지 않는가. 일어나고 사라지는 마음 현상들을 좇고 좇으면서 지친 일상을. 좇아 잡은 것 같지만 어느 틈에 사라지고 없다는 것을. 진짜인 것 같지만 어느 것 하나 그것 자체가 진짜가 아니라 그대 마음이 진짜라고 여겼던 것임을. 마음 밖을 향해 진짜를 찾는 일을 쉬어야 된다는 것을. 머뭇거리고 의심할 이유가 없다는 것을. 유심은 말을 하나 그 말 또한 순간의 분별상에 지나지 않고, 말 없는 무심은 언제나 취하고 탐하려는 욕망이 없기에 본래부터 번뇌가 생길 수 없다는 것을. 해서 부처를 보려 하거나 부처의 설법을 들으려 해서는 결코 부처도 볼 수 없고 법문도 들을 수 없다. 부디 자신을 소중히 여기기를.

왜 깨달음은 늘 한박자 늦을까